SÉRIE INFORMÁTICA

manutenção de microcomputadores na prática

CB124976

Dados Internacionais de Catalogação na Publicação (CIP)
(Jeane Passos de Souza – CRB 8ª/6189)

Lacerda, Ivan Max
Manutenção de microcomputadores na prática / Maurício Schorsch, Ivan Max Lacerda – São Paulo : Editora Senac São Paulo, 2016. – (Série Informática)

Glossário.
ISBN 978-85-396-1092-1 (Somente Livro)
978-85-396-1093-8 (Inclui *kit* de ferramentas)

1. Microcomputadores – Manutenção e reparos 2. Microcomputadores – Atualização 3. Microcomputadores – Configuração I. Schorsch, Maurício. II. Título. III. Série.

16-409s CDD-004.160288
BISAC COM050010

Índices para catálogo sistemático:

1. Computadores : Manutenção e reparos : Processamento de dados 004.160288
2. Computadores : Montagem : Processamento de dados 004.160288

Ivan Max Lacerda
Maurício Schorsch

manutenção de microcomputadores na prática

Editora Senac São Paulo – São Paulo – 2016

Administração Regional do Senac no Estado de São Paulo
Presidente do Conselho Regional: Abram Szajman
Diretor do Departamento Regional: Luiz Francisco de A. Salgado
Superintendente Universitário e de Desenvolvimento: Luiz Carlos Dourado

Editora Senac São Paulo
Conselho Editorial: Luiz Francisco de A. Salgado
Luiz Carlos Dourado
Darcio Sayad Maia
Lucila Mara Sbrana Sciotti
Luís Américo Tousi Botelho

Gerente/Publisher: Luís Américo Tousi Botelho
Coordenação Editorial: Verônica Pirani de Oliveira
Prospecção: Dolores Crisci Manzano
Administrativo: Verônica Pirani de Oliveira
Comercial: Aldair Novais Pereira

Edição de Texto: Rafael Barcellos Machado
Preparação de Texto: Karinna A. C. Taddeo
Coordenação de Revisão de Texto: Marcelo Nardeli
Revisão de Texto: Bianca Rocha, Gabriela L. Adami
Capa: Antonio Carlos De Angelis
Editoração Eletrônica: Sandra Regina dos Santos Santana
Ilustrações: Gilmar Barbosa (alogilmar@uol.com.br)
Coordenação de E-books: Rodolfo Santana
Impressão e Acabamento: Gráfica Melting Color

Proibida a reprodução sem autorização expressa.
Todos os direitos desta edição reservados à
Editora Senac São Paulo
Av. Engenheiro Eusébio Stevaux, 823 – Prédio Editora – Jurubatuba
CEP 04696-000 – São Paulo – SP
Tel. (11) 2187-4450
editora@sp.senac.br
https://www.editorasenacsp.com.br

AMD64® é marca registrada da AMD. Creative Sound Blaster Live!® é marca registrada da Creative Technology Ltd. Intel Celeron®, Intel Pentium® e Xeon MP® são marcas registradas da Intel Corporation. Internet Explorer®, MS-DOS®, Windows 2000 ®, Windows 2003® Server, Windows 3.11®, Windows 98®, Windows 9x®, Windows ME® Windows NT® e Windows XP® são marcas registradas da Microsoft Corporation. Itautec® é marca registrada da Itautec Philco S.A. Linux® é marca registrada da Mandriva Conectiva. Netscape® é marca registrada da Netscape Communications Corporation. OS/2 Warp® é marca registrada da International Business Machines Corporation.

© Editora Senac São Paulo, 2016.

Sumário

Apresentação

O que é a Série Informática

A Série Informática foi feita para que você aprenda informática sozinho, sem professor! Neste volume, você encontrará informações sobre como montar e configurar um microcomputador. O livro foi estruturado com base em atividades que lhe permitem estudar passo a passo. Para isso, você deverá ler com atenção e seguir corretamente todas as instruções.

Utilizando o material da Série Informática

É muito simples utilizar o material da Série Informática. Inicie sempre pelo capítulo 1, leia atentamente as instruções e execute passo a passo os procedimentos solicitados no texto. Se encontrar algum problema durante uma atividade, volte ao início e recomece; isso irá ajudá-lo a esclarecer dúvidas e suplantar dificuldades.

A estrutura do livro

Este livro está dividido em capítulos que contêm uma série de atividades práticas e informações teóricas sobre os microcomputadores. Para obter o melhor rendimento possível em seu estudo, evitando dúvidas ou erros, é importante que você:

- leia com atenção todos os itens do livro, pois sempre encontrará informações úteis para a execução das atividades;
- conheça e respeite o significado dos símbolos colocados na margem esquerda de determinados parágrafos do texto, pois eles servem para orientar seu trabalho;
- faça apenas o que estiver indicado no item e só execute uma sequência após ter lido a instrução do respectivo item.

Significado dos símbolos

	**Dica** Quando este símbolo aparecer, você terá informações adicionais sobre o assunto, como dicas, atalhos e sugestões para facilitar seu trabalho. Sua leitura não é obrigatória para o desenvolvimento da atividade, mas lembre-se: quanto mais informações você tiver, melhor será o seu aproveitamento.
	**Observação** Este símbolo marca um texto com observações sobre o assunto tratado. Embora importante, sua leitura não é obrigatória nem interfere diretamente na atividade em execução.

(cont.)

	**Atenção** Toda vez que se deparar com este símbolo, leia com muita atenção o texto que o acompanha, pois as informações que ele contém afetarão os passos seguintes da atividade. Isso evitará dúvidas posteriores.
	**Exercício** Este símbolo sinaliza os exercícios propostos, que são apresentados no fim da atividade ou do capítulo. Procure fazer esses exercícios antes de iniciar outro capítulo. Eles vão auxiliá-lo a fixar melhor os recursos estudados.

Bons estudos!

Introdução

OBJETIVOS

- Conhecer o sistema binário
- Diferenciar hardware de software
- Identificar a arquitetura de um microcomputador

Sistema binário

Em informática, existem algumas linguagens complicadas de entender, e uma delas é o sistema binário. Para facilitar o entendimento, não iremos entrar no mérito técnico de como se forma o sistema, e sim saber diferenciar suas unidades (desde o bit até o iotabyte) em termos de capacidade e velocidade.

Cada valor binário é chamado bit, abreviação de *binary digit*, ou dígito binário. Um conjunto de 8 bits forma 1 byte e um conjunto de 1.024 bytes forma 1 quilobyte. O número 1.024 foi escolhido como base, pois é a potência de 2 mais próxima de 1.000.

A tabela 1 ilustra melhor os números binários.

Tabela 1. Correspondência entre unidades e valores numéricos no sistema binário

Unidade (símbolo)	Valor numérico	Base binária
1 bit (b)	1 ou 0	
1 byte (B)	Um conjunto de 8 bits	2^{0}
1 quilobyte (KB)	1.024 bytes ou 8.192 bits	2^{10}
1 megabyte (MB)	1.024 quilobytes, 1.048.576 bytes ou 8.388.608 bits	2^{20}
1 gigabyte (GB)	1.024 megabytes, 1.048.576 quilobytes ou 1.073.741.824 bits	2^{30}
1 terabyte (TB)	1.099.511.627.776 bytes	2^{40}
1 petabyte (PB)	1.125.899.906.843.624 bytes	2^{50}
1 exabyte (EB)	1.152.921.504.607.870.976 bytes	2^{60}
1 zetabyte (ZB)	1.180.591.620.718.458.879.424 bytes	2^{70}
1 iotabyte (YB)	1.208.925.819.615.701.892.530.176 bytes	2^{80}

Fonte: Serviço Nacional de Aprendizagem Comercial, *Manutenção de computadores* (2ª ed. São Paulo: Editora Senac São Paulo, 2002), apostila.

Também se usam os termos quilobit, megabit e gigabit para representar conjuntos de 1.024 bits (ver tabela 2, a seguir). Como 1 byte corresponde a 8 bits, 1 megabyte corresponde a 8 megabits, e assim por diante.

Tabela 2. Equivalências por conjuntos de 1.024 bits

Valor	Unidade (símbolo)		Valor	Unidade (símbolo)
1	bit (b)			
1.024	bits (b)	=	1	quilobit (Kb)
1.024	quilobits (Kb)	=	1	megabit (Mb)
1.024	megabits (Mb)	=	1	gigabit (Gb)
1.024	gigabits (Gb)	=	1	terabit (Tb)
1.024	terabits (Tb)	=	1	petabit (Pb)
1.024	petabits (Pb)	=	1	exabit (Eb)
1.024	exabits (Eb)	=	1	zetabit (Zb)
1.024	zetabits (Zb)	=	1	iotabit (Yb)

O byte, abreviação de *bynary term*, ou palavra binária, é a unidade binária mais utilizada, por diversos motivos. Devemos tomar alguns cuidados ao representar seu símbolo, a fim de evitar confusão com o símbolo de bit. Enquanto representamos bit por b (minúsculo), simbolizamos byte por B (maiúsculo). Assim, 1 KB é a representação de 1 quilobyte (1.024 bytes = 8.192 bits), enquanto 1 Kb é a representação de 1 quilobit (1.024 bits).

Parece irrelevante, mas essas nomenclaturas são responsáveis por muitas confusões. Sempre que nos referimos à velocidade de uma rede de computadores, por exemplo, não a medimos em bytes por segundo, mas sim em bits por segundo. Tomemos como exemplo a velocidade de 100 megabits por segundo. Representá-la por 100 MBps, nesse caso, daria a entender que a rede transmite a 100 megabytes por segundo, que na verdade correspondem a 800 megabits por segundo. O correto, portanto, é representá-la por 100 Mbps.

Hardware e software

Toda parte física do microcomputador – placas, processador, memória, discos rígidos, monitor de vídeo, enfim, tudo o que se pode tocar – é chamada hardware, enquanto todo programa armazenado é chamado software.

Para fixar bem o conceito: "Hardware é o que você chuta e software é o que você xinga".

Existem dois tipos de programa: o software de alto nível e o software de baixo nível. Essas designações não indicam o grau de sofisticação dos programas, mas o nível de interação do programa com o hardware.

O processador não é capaz de entender nada além da linguagem de máquina, ou seja, instruções relativamente simples, que ordenam a ele que execute operações matemáticas, como soma e subtração, além de algumas outras tarefas, como leitura e escrita de dados, comparação, etc. Por ser extremamente difícil e trabalhoso fazer o processador executar qualquer comando escrevendo programas diretamente em linguagem de máquina, usam-se pequenos programas, como o BIOS (Basic Input/Output System, ou Sistema Básico de Entrada e Saída) e os drivers de dispositivos do Windows, para executar as tarefas mais básicas. Tais programas funcionam como intermediários, ou intérpretes, entre os demais programas e o hardware. Por esse motivo são chamados softwares de baixo nível. Todos os outros aplicativos, como processadores de textos, planilhas, jogos, etc., rodam sobre esses programas residentes, sem acessar diretamente o hardware, sendo por isso chamados software de alto nível.

Não podemos nos esquecer do próprio sistema operacional, que funciona como uma ponte entre o hardware e o usuário, automatizando o uso do computador e oferecendo uma base sólida a partir da qual os programas podem ser executados. O sistema operacional poderia ser definido como a personalidade do micro. Assim, um computador rodando o Linux, por exemplo, dificilmente seria tão amigável e fácil de operar quanto um micro rodando o Windows. Por outro lado, essa máquina jamais seria tão estável quanto uma terceira cujo sistema operacional fosse o Windows Server.

As diferenças não param por aí. Os programas desenvolvidos para rodar sobre um determinado sistema operacional quase sempre são incompatíveis com outros sistemas operacionais. Uma versão do navegador Netscape, desenvolvida para rodar sobre o Windows, jamais rodaria sobre o Mac OS, por exemplo. Seria preciso reescrever todo o programa, criando uma nova versão.

A interface dos vários sistemas operacionais também é diferente. No MS-DOS, por exemplo, há apenas um prompt de comando baseado em texto, enquanto no Windows temos uma interface gráfica baseada em janelas.

A divisão em níveis visa facilitar o trabalho dos programadores, que podem se concentrar no desenvolvimento de aplicativos cada vez mais complexos, em um intervalo de tempo cada vez menor.

Desenvolver um programa simples de controle de caixa em uma linguagem de baixo nível como o Assembler, por exemplo, tomaria pelo menos um dia de trabalho de um programador. Um programa com as mesmas funções, feito em uma linguagem de alto nível como o Visual Basic ou o Delphi, tomaria bem menos tempo, e ainda por cima teria uma apresentação gráfica (visual) muito mais bonita e amigável, uma vez que muitas das funções usadas no programa já estariam prontas e disponíveis no próprio sistema operacional (o Windows, por exemplo).

A seguir, apresentamos a ordem de funcionamento do microcomputador. Preste atenção ao processo de inicialização, para identificar problemas:

4	Programas
3	Sistema operacional
2	Software de baixo nível (BIOS)
1	Hardware

Seguindo a ordem de baixo para cima, quando apertamos o botão para ligar, a energia entra no computador e o hardware passa a operar. Em seguida, o BIOS – software que já vem acoplado à placa-mãe por meio de um chip chamado EPROM (*erasable programmable read-only memory*, ou memória programável apagável somente de leitura) – faz alguns testes no hardware (contagem da memória, identificação do processador e do teclado, entre outros procedimentos). Feito isso, começa a inicialização do sistema operacional (Windows, Linux, etc.) e, na sequência, o micro fica aguardando a solicitação do usuário para utilização dos softwares (como o Internet Explorer).

Entendendo bem o processo de inicialização, fica mais fácil identificar problemas no computador, pois, se existem problemas em um software (no editor de textos, por exemplo), não será possível diagnosticar inicialmente que a memória RAM (*random access memory*, ou memória de acesso aleatório) também está com problema. Pelo menos, não antes de tentar reinstalar o software (linha 4), ou o sistema operacional, caso a reinstalação do software não tenha resolvido, e só assim partir para o teste do hardware. Seria muito precipitado dar um diagnóstico de hardware (linha 1) sem antes ter tentado todas as outras possibilidades (linhas 4 e 3).

Em alguns momentos, pela experiência adquirida na área de manutenção, o técnico acaba dando alguns diagnósticos logo de início, ignorando essa ordem, mas isso se dá pela experiência e não pela dedução lógica.

Muito cuidado ao dar diagnósticos sem efetuar os testes necessários. Isso poderá causar alguns constrangimentos perante o cliente. Imagine você comprar uma placa-mãe nova para o computador, constatar que ela está com defeito e, ao fazer a troca, verificar que o problema persiste.

Arquiteturas

Entre as décadas de 1950 e 1970, nos primórdios da disseminação da informática, vários fabricantes diferentes disputavam o mercado. Cada um desenvolvia seus próprios computadores, apenas compatíveis entre si, tanto em hardware quanto em software, apesar de todos executarem as mesmas operações básicas.

Com a popularização dos microcomputadores, porém, a padronização tornou-se inevitável. Em meados da década de 1980, havia basicamente duas arquiteturas de computadores pessoais: o Personal Computer (PC), desenvolvido pela IBM, e o Macintosh (MAC), desenvolvido pela Apple.

Como era mais barato (e ainda é), o PC tornou-se mais popular, ficando o uso dos MACs restrito a uma pequena parcela de usuários que eram atraídos por características peculiares, como a qualidade da interface gráfica, muito requisitada na editoração eletrônica e na edição de imagens.

Durante muito tempo, a própria Apple pareceu se conformar com uma posição secundária, lançando micros voltados principalmente para o seguimento profissional. Embora considerados de arquitetura fechada – pois são totalmente fabricados por uma única empresa –, atualmente vemos uma aceitação maior dos MACs, principalmente devido ao lançamento dos iMacs e dos iBooks, mas os PCs ainda são a maioria.

Como o PC tem arquitetura aberta, ou seja, permite que diferentes fabricantes desenvolvam componentes para ele, baseados em padrões predefinidos, há uma lista enorme de componentes compatíveis entre si. Podemos escolher entre várias marcas e modelos os componentes que melhor atendam às nossas necessidades e montar nossa própria configuração, assim como escolher os materiais que serão usados para construir um PC em casa. Também é possível melhorar posteriormente o desempenho do micro montado, trocando alguns de seus componentes.

> Qualquer melhoramento que seja feito tanto no hardware quanto no software é conhecido como upgrade ou atualização.

A essa altura, você deve estar se perguntando em qual arquitetura o computador de marca ou grife (HP, Compaq, Dell, IBM, Itautec, etc.) se enquadra.

Se você respondeu arquitetura fechada, errou, pois a HP, por exemplo, utiliza processador Intel, monitor Philco, disco rígido (HD) Seagate, e assim por diante. Se arquitetura fechada quer dizer um único fabricante para todos os componentes, então os micros de grife, como no exemplo anterior, estão fora dessa classificação. Entretanto, tais máquinas não são totalmente abertas. Em alguns casos, não é possível instalar qualquer hardware nesses computadores (memória RAM, por exemplo), eliminando então a possibilidade de enquadrá-los como arquitetura aberta.

Nesse caso, podemos usar um termo diferente: arquitetura semiaberta. Nesse tipo de arquitetura, o micro não tem componentes de uma só marca, mas também não é possível instalar nele qualquer componente de qualquer marca.

Boas práticas na montagem e na manutenção de computadores

É necessário indicar aqui algumas boas práticas importantes para o profissional que trabalha na montagem e na manutenção de computadores. Algumas parecem óbvias, mas muitos profissionais que já atuam na área não as seguem. E, por agirem assim, não é incomum vermos relatos de equipamentos ligados na voltagem errada e a demora em resolver algum problema pela simples falta de leitura de manuais.

Descarregar a eletricidade estática

Nas aulas de ciências, aprendemos que o atrito entre cargas elétricas pode gerar eletricidade estática. A experiência de passar um pente de plástico várias vezes no cabelo e depois verificar que ele atrai pedaços de papel demonstra isso. Pois bem: nosso corpo acumula essas cargas elétricas e, apesar de serem de baixa intensidade, elas podem danificar os sensíveis componentes das placas eletrônicas. Para evitar que isso aconteça, devemos manipular placas sem tocar nos seus componentes, principalmente nos seus terminais. Pegue as placas pelas bordas que não são condutoras de eletricidade.

Além disso, é recomendável o uso de pulseiras antiestáticas, vendidas em lojas de eletrônica. Essas pulseiras ligam o corpo a um ponto do aterramento. Seu uso reduz a possibilidade de você danificar uma placa acidentalmente, visto que as cargas elétricas acumuladas são encaminhadas ao aterramento. Um outro recurso interessante é o uso de luvas antiestáticas.

Adicionalmente, podemos usar outros recursos de proteção antiestática, tais como mantas, batas e botas. Porém, para o ambiente de montagem e manutenção de computadores, o uso de uma pulseira ou uma luva já é suficiente.

Verificar a voltagem

Verifique a voltagem de entrada e de saída de todos os equipamentos. Nas regiões onde a tensão em corrente alternada presente nas tomadas é em torno de 220 V, essa precaução deve ser maior. É comum termos impressoras e escâneres que só funcionam em 110 ACV. É preciso atenção para não ligarmos esses equipamentos diretamente na tomada de 220 V, danificando assim a fonte de alimentação. No melhor dos casos, um fusível se rompe e sua substituição resolve o problema. No pior, a fonte fica irreparavelmente perdida. Nessas regiões, utilizamos então estabilizadores que transformam a voltagem da tomada de 220 V em 110 V para alimentar os equipamentos.

Ler os manuais

Parece uma prática óbvia, mas não é. A leitura dos manuais é o primeiro passo para uma montagem ou uma manutenção bem fundamentada, principalmente de placa-mãe. Na falta do manual impresso ou em CD, busque informações na internet. Os principais fabricantes de placa-mãe mantêm cópias dos manuais em seus sites.

Desligar o computador

Não troque placas ou outros dispositivos com o computador ligado, a não ser que o dispositivo seja do tipo hot-swap (troca quente). Se a fonte for ATX, assegure-se também de cortar o fornecimento de energia para ela. Lembre-se de que as fontes ATX têm o sinal de stand-by que continua alimentando a placa-mãe após o computador ser desligado.

Parte I

Hardware

1
Apresentação dos componentes

OBJETIVO

- Conhecer os nomes dos componentes internos do gabinete

Apresentação dos componentes

Neste capítulo, vamos conhecer as peças que compõem o computador para posteriormente estudar o funcionamento técnico de cada uma. Portanto, o objetivo aqui não é entender a função de cada componente, mas sim identificá-lo visualmente e por marca e modelo.

Fonte de alimentação

Basicamente, temos três tipos de fonte: AT, ATX e BTX. As fontes ATX e BTX são gerenciadas pela placa-mãe, enquanto a AT é comandada pelo botão *Liga/Desliga*. É muito fácil identificar o tipo de fonte: se, ao desligar seu micro, aparece na tela a mensagem "Aguarde enquanto o Windows está sendo desligado" e logo após "Seu computador pode ser desligado com segurança", trata-se de uma fonte do tipo AT. Se o computador não exibe tais mensagens, desligando automaticamente, trata-se dos tipos ATX e BTX.

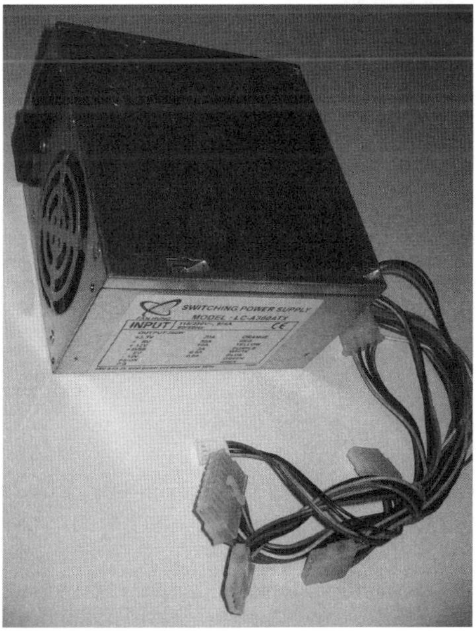

Figura 1. Fonte de alimentação.

Placa-mãe

A placa-mãe é um dos componentes mais importantes na montagem do computador, ao contrário do que muitos leigos pensam, quando dizem ser o processador. A placa-mãe funciona como uma central, pois todas as demais placas estão conectadas a ela, até o processador.

> Uma placa-mãe onboard vem com outras placas integradas (placa de som, placa de rede, placa de vídeo e placa de fax-modem). É errado dizer que as placas onboard são ruins, como veremos mais adiante. Já as placas offboard não têm placas integradas.

Figura 2. Placa-mãe.

Processador

O processador é considerado o cérebro do micro, pois todos os processos do computador passam por ele. Se for perguntado a um leigo qual o melhor computador hoje, certamente ele irá dizer que é o da Intel, que na realidade não é o computador, e sim o processador.

Temos no cenário tecnológico uma guerra saudável entre os fabricantes de processadores. De um lado a Intel, investindo em recursos 3D e jogos, e de outro a AMD, com processadores velozes – em alguns casos mais que os da Intel.

Comentando um pouco de história, a Intel sempre investiu muito em marketing e, por esse motivo, na época dos processadores 486, muitas empresas se beneficiaram às suas custas. O cliente chegava à loja e pedia um 486; como o número não podia ter patente, muitos vendiam Cyrix a preço de Intel. Percebendo isso, a Intel mudou o nome de seus processadores para Intel Pentium (esse foi somente um dos motivos), o que fez com que suas vendas alavancassem e muitas empresas quebrassem. Inicialmente, algumas tentaram comercializar o 586 e o 686, mas não conseguiram se manter por muito tempo no mercado.

Em 2004, alguns processadores da marca Cyrix apareceram no mercado como Cyrix 4 (integrado à placa-mãe), mas isso não durou muito, pois o risco de perder tudo era muito grande. Se o processador queimasse ou apresentasse qualquer problema, o cliente perderia o processador, a placa-mãe, a placa de vídeo, a placa de rede, a placa de fax-modem e a placa de som.

> É um equívoco chamar o gabinete (caixa dentro da qual ficam as placas, o CD-ROM, etc.) de CPU. CPU é a sigla de *central processing unit*; em português, UCP – unidade central de processamento, ou simplesmente processador.

Figura 3. Processador.

Cooler

O cooler, ou sistema de refrigeração, é extremamente importante nos computadores atuais. É usado para refrigerar o processador por meio de um dissipador de calor e de uma ventoinha.

Há dois tipos de alimentação de coolers: a alimentação pela fonte e a alimentação pela placa-mãe (conhecida como FAN). A vantagem do segundo tipo é que o usuário pode gerenciar seu funcionamento. Caso o sistema pare ou o processador esquente muito, ele é capaz de emitir um aviso à placa-mãe, que pode, por sua vez, avisar o usuário por meio de um software.

> Não economize ao comprar o cooler. Às vezes, uma pequena economia pode gerar um grande dano, ou seja, a queima do processador.

Figura 4. Cooler: ventoinha e dissipador de calor.

Memória RAM

A memória RAM é usada pelo processador para armazenar dados que estão sendo processados, funcionando como uma espécie de mesa de trabalho. A quantidade de memória RAM disponível determina que atividades o processador poderá executar. Caso a quantidade de memória RAM disponível seja insuficiente, o computador não será capaz de rodar aplicativos mais complexos. Em outras palavras, não adianta ter um processador muito potente e não dispor de memória RAM suficiente para apoiar a potência desse processador. Há pouco tempo, computadores vendidos com 4 GB de memória eram considerados um exagero, tendo em vista os programas existentes no mercado. Hoje, essa quantidade de memória é considerada mínima, mas em pouco tempo será tida como insuficiente, à medida que novos programas forem desenvolvidos e gerarem a necessidade de mais recursos.

Atenção ao comprar memória para o seu computador: verifique antes se ela é compatível com a placa-mãe.

> Sempre que for indicado um valor de velocidade, a unidade usada será o hertz (Hz) e, quando for indicada a capacidade/quantidade de memória, a unidade utilizada será o byte.

Figura 5. Pente de memória RAM.

Placa de vídeo

A placa de vídeo é responsável exclusivamente pela geração de imagens para a tela do computador. Hoje, todas as placas de vídeo são também aceleradoras 3D que ajudam diretamente no desempenho dos jogos. É importante notar que o fato de uma placa de vídeo ser 3D não significa que ela tenha um bom desempenho. É por esse motivo que muitos clientes não entendem por que um micro considerado inferior pode ter um desempenho 3D melhor do que um micro superior, porém com uma placa de vídeo mais barata ou mesmo onboard.

> Como estamos falando de placas de vídeo onboard, se a placa-mãe que você comprar já possuir o vídeo, você não precisará adquirir uma placa de vídeo em separado, a não ser que seja para uma aplicação em especial, como um jogo.

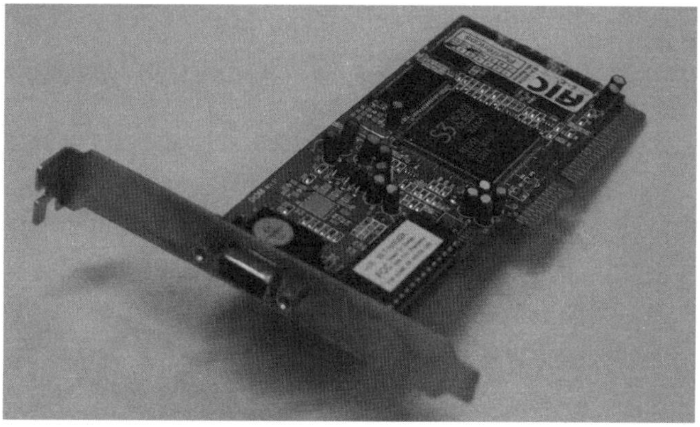

Figura 6. Placa de vídeo.

Placa de som

Por ser um componente opcional (o micro funciona sem ele), não há muita diferença entre as placas produzidas pelos diversos fabricantes. Dependendo da aplicação, a placa de som pode ser até mesmo onboard. Mas se o uso for para fins profissionais, como no trabalho de um músico que usa o computador para fazer partituras musicais, ou como nas casas noturnas que conectam o computador à mesa de som para mixagem das músicas, certamente será necessária uma placa melhor, como a placa da Sound Blaster X-FI Professional Series. Essa placa emite ou capta som "puro", sem chiados ou interferências.

À placa de som basta apenas conectar um par de caixas de som ou ligar um aparelho de som para desfrutar dos recursos multimídia do computador.

> Se você quiser ligar o aparelho de som ao computador, basta comprar um cabo de áudio que tenha RCA (branco e vermelho) em uma ponta e P2 (igual à saída de fone de ouvido de um notebook) em outra. Conecte o RCA no aparelho de som (auxiliar) e a ponta P2 na saída da caixa de som da placa de som.

Figura 7. Placa de som.

Placa de rede

A placa de rede é utilizada para interligar dois ou mais computadores, ou para conexão do computador a um serviço de acesso a internet por banda larga.

Hoje temos placas de rede com tecnologia wireless, ou seja, sem fio. Já é possível interligarmos computadores sem cabo algum. Lembrando que, apesar de ser um dos últimos lançamentos na área de rede, a velocidade de comunicação da tecnologia sem fio não se compara à da tecnologia com fio (ou wired).

O conector embutido na placa de rede é popularmente conhecido como RJ45. Embora um pouco maior que o RJ11, ambos têm a mesma aparência.

> Quando você adquirir o serviço de internet por banda larga, o uso da placa de fax-modem é dispensável. Já a placa de rede é indispensável, caso seja utilizada na conexão do modem ADSL.

Figura 8. Placa de rede.

Disco rígido ou hard disk (HD)

Conhecido também como um dos componentes de memória em massa, pois nele podemos armazenar dados em quantidade. Tecnicamente é chamado de disco rígido, hard disk ou simplesmente HD. Até a década de 1980, era nomeado winchester; hoje, esse termo caiu em desuso, embora ainda seja válido.

Podemos dizer que a invenção e o aperfeiçoamento tecnológico dos HDs foram um dos propulsores dos microcomputadores PC. Os primeiros discos rígidos foram criados pela IBM; eram de grandes dimensões e tinham de 10 MB a 40 MB de capacidade. Atualmente, alguns dos principais fabricantes de HDs são Seagate, Maxtor, Western Digital e Samsung.

Com relação à tecnologia empregada e à interface de comunicação, podemos encontrar três tipos de disco rígido: IDE (Integated Drive Electronic), SCSI (Small Computer System Interface) e SATA (Serial Advanced Technology Attachment).

Hoje já temos discos rígidos com mais de 4 TB de capacidade.

> Mesmo que você não precise de tanto espaço para armazenar dados, compre HDs maiores, porque, além de oferecerem maior capacidade, o acesso a eles também é muito mais rápido.

Figura 9. Disco rígido ou hard disk (HD).

Leitores e gravadores de CD, DVD e Blu-ray

Antigamente, os softwares eram comercializados em disquetes, que caíram em desuso, e posteriormente em CDs. Atualmente, leitores e gravadores de CD/DVD ainda são usados, entretanto, por questões de portabilidade, diminuição de preço e limitações de capacidade de armazenamento, estes têm sido substituídos por pen drives, cartões de memória, discos SSD portáteis, e mesmo pelo armazenamento na nuvem.

Existem quatro tipos de dispositivo cuja função é ler ou gravar mídias em forma de disco:

- CD-ROM: leitor de CD;
- CD-RW: gravador e leitor de CD;
- DVD-RW: leitor e gravador de CD e DVD;
- BD-R: leitor e gravador de Blu-ray, DVD e CD.

> Se você costuma transportar muitos dados, use mídias de DVD-RW, assim você pode apagar os arquivos do DVD e regravar sempre que quiser. Vale lembrar que as mídias virgens DVD-R não possibilitam o uso dessa facilidade.
> Para volumes de dados acima de 5 GB até valores superiores a 1 TB, dispositivos como pen drives ou HDs portáteis são mais indicados.

Figura 10. CD-RW ou gravador e leitor de CD.

2
Instalações elétricas para computadores

OBJETIVOS

- Conhecer os conceitos básicos sobre instalações elétricas
- Aprender sobre aterramento e equipamentos de proteção

Instalações elétricas

Começaremos nosso estudo por um assunto que talvez não pareça, em um primeiro instante, diretamente ligado à montagem e à manutenção de computadores: a instalação elétrica. Porém, como veremos a seguir, uma instalação adequada é primordial para um bom e prolongado funcionamento dos computadores.

Tomada tripolar

A tomada elétrica usada para fornecer energia ao computador é a do tipo tripolar. O nome se deve aos três polos – fase (F), neutro (N) e terra (T) – que a compõem. A figura 1 mostra uma tomada tripolar típica.

Figura 1. Tomada tripolar.

Esse tipo de tomada é diferente da que é geralmente usada para outros aparelhos elétricos – a chamada bipolar, que possui somente os polos fase e neutro. O fase é o polo onde se encontra a tensão elétrica, que pode ser de 220 V ou 110 V, dependendo da região do país. Já no neutro e no terra, a tensão tem um valor próximo de 0 V. Para identificarmos o polo fase em uma tomada, usamos uma chave de fenda chamada de chave-teste, chave-néon ou simplesmente busca-polo. Inserimos essa chave nos orifícios da tomada e aquele que acender o néon da chave é o fase. Para verificarmos o nível de tensão na tomada, usamos o multímetro, um equipamento que permite medir tensão, corrente e resistência elétrica. Posicione o seletor do multímetro na faixa de medição da tensão em corrente alternada (ACV ou V~ são os símbolos que identificam a tensão do tipo alternada em um multímetro) e, em uma escala superior, a tensão esperada. Insira uma ponta de prova no fase e a outra no neutro. A medida mostrada no visor é justamente a diferença entre a tensão do fase e a do neutro. Se o fase estiver com 210 V e o neutro com 1 V, o valor mostrado será de 209 V. Os valores esperados – que indicam que está tudo bem – para instalações de 110 V e 220 V são os seguintes:

110 V	95 V – 120 V
220 V	200 V – 240 V

Um dos problemas mais encontrados em instalações para computadores é a inversão da polaridade. Isso acontece quando o neutro é posicionado no polo do fase, e vice-versa. Na figura 2, vemos a posição dos polos na tomada, segundo a norma NBR 14136:2012 da ABNT.

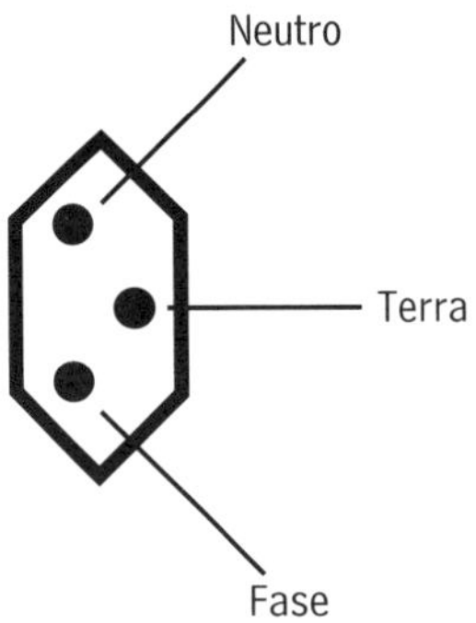

Figura 2. Posição dos polos na tomada.

Essa inversão pode acarretar, no médio prazo, danos ao seu computador se usá-lo ligado a um estabilizador de voltagem ou equipamento assemelhado. No projeto dos estabilizadores, o circuito é montado levando em conta a posição correta dos polos na tomada.

Tendo como referência a figura 2 e de posse de uma chave-teste, verifique se a tomada segue o padrão correto de conexão ou não. Para corrigir a instalação, caso se verifique a inversão da polaridade, desligue o disjuntor que protege a tomada, para evitar choques elétricos, desparafuse-a e troque de posição os fios que a alimentam.

Aterramento

O terceiro polo da tomada tripolar é o terra. Enquanto o fase e o neutro são obrigatórios para o funcionamento do computador, o terra faz parte do sistema de proteção elétrica do seu equipamento. Ele é conectado a um sistema de aterramento, que funciona como um caminho para que cargas elétricas indesejadas sejam direcionadas para a terra. Sem ele, essas cargas podem danificar o computador e até gerar interferências no cabeamento da rede, ocasionando corrupção do sinal. O NEC (National Electrical Code), em seu artigo 100, define aterramento como “uma conexão condutora, intencional ou acidental, entre um circuito ou equipamento elétrico e a terra ou algum corpo condutor que substitua a terra”.

O sistema de aterramento consiste em um circuito que vai do dispositivo a ser protegido até a terra. Dessa forma, um simples fio ligado a esse dispositivo e depois enterrado desencapado representa um aterramento. Não é a forma mais eficiente de aterramento, mas funciona como um.

Aterramento elétrico

Computadores e equipamentos de comunicação são ligados a tomadas de energia que precisam estar aterradas. Na falta de aterramento, esses dispositivos ficam sujeitos a cargas eletrostáticas, problemas com sobretensões e até com raios. Nesta seção, veremos como proceder corretamente ao aterramento elétrico.

Tomadas tripolares e aterramentos

Como já vimos, as tomadas usadas para computadores são chamadas tripolares porque, além das linhas de fase e neutro, presentes em todas as tomadas, possuem a linha do aterramento. Essa linha serve para dar saída à energia excedente que os equipamentos eletrônicos acumulam. Se essa energia não tiver um canal de saída adequado, ela poderá sair por outras vias, inclusive o nosso corpo. É o que acontece quando levamos um choque ao encostar no computador.

Eletrodo e condutor de aterramento

Em aterramentos elétricos, o tipo de eletrodo mais usado é a haste de cobre ou cobreada. Ela é enterrada verticalmente e pode ter entre 1,5 m e 4 m de altura, com 0,5 pol a 1 pol de diâmetro. O condutor de aterramento, usado na conexão do polo do terra da tomada à haste, pode ser um fio elétrico de cobre rígido de 2,5 mm. Para o contato do condutor com a haste, podemos usar um conector, mas este não é o mais indicado para essa conexão, pois impõe uma resistência à passagem da corrente que não é desejada. Recomenda-se, nesse caso, que o fio seja soldado à haste.

É certo que quanto maior e de maior seção for a haste, menor será a resistência do aterramento. Porém, hastes altas e grossas demais são difíceis de enterrar, visto que a presença de restos de construção e outros materiais impedem a sua passagem. Havendo dificuldade em enterrar a haste, use cavadores e marretas para auxiliar no procedimento.

Para uma verificação básica do aterramento, use um multímetro. A medição entre o neutro e o terra tem que dar um valor inferior a 3 V (o ideal para redes é 0 V). Para uma medição mais precisa do terra, utiliza-se um aparelho chamado terrômetro.

Tratamento químico do solo

Não basta enterrar a haste e ligar o fio para obter um aterramento adequado. O aterramento precisa apresentar baixa resistência à passagem de corrente – um valor abaixo de 5 Ω. Se o solo em que a haste será enterrada apresentar alta resistência, o aterramento não funcionará. Solos que apresentam baixa resistência são os que retêm umidade. O quadro a seguir indica os solos bons e os inadequados para aterramento:

Bons	Argila e barro
Inadequados	Areia e pedra

Mas o que fazer se o solo do local do aterramento não for adequado? É possível tratar o solo para baixar a sua resistência usando dois tipos de materiais: bentonita e aterragel. A aplicação dos dois é semelhante: cava-se um buraco no local de colocação da haste, mistura-se a bentonita ou o aterragel com barro e água, depois despeja-se no buraco. Pode-se então enterrar a haste.

O quadro a seguir relaciona as principais características dos dois materiais usados no tratamento do solo:

Bentonita	Argila mineral Mais barata Diminui a resistência do solo
Aterragel	Mais caro Diminui a resistência do solo Atenua a oxidação da haste

Um detalhe importante é que o aterragel, apesar de ser mais caro, protege a haste da oxidação eletrolítica. A oxidação deixa a haste isolada da terra e, com isso, ela não cumpre a sua função, que é dissipar a corrente para a terra.

Equipamentos de proteção elétrica

Além de providenciar um bom aterramento e não inverter a polaridade da tomada elétrica, há outros cuidados que você deve tomar para aumentar a proteção elétrica dos equipamentos de informática. Para isso, existem dispositivos como o filtro de linha, os estabilizadores ou reguladores de tensão e os nobreaks.

Filtros de linha

Os filtros de linha (figura 3) são usados para atenuar um ruído existente nas instalações, chamado de transiente. O transiente é gerado por motores elétricos, reatores ou relés e podemos percebê-lo quando, ao ligar um liquidificador ou um motor de geladeira, ouvimos chiados em televisores ou aparelhos de som ou vemos interferências na imagem do monitor do computador.

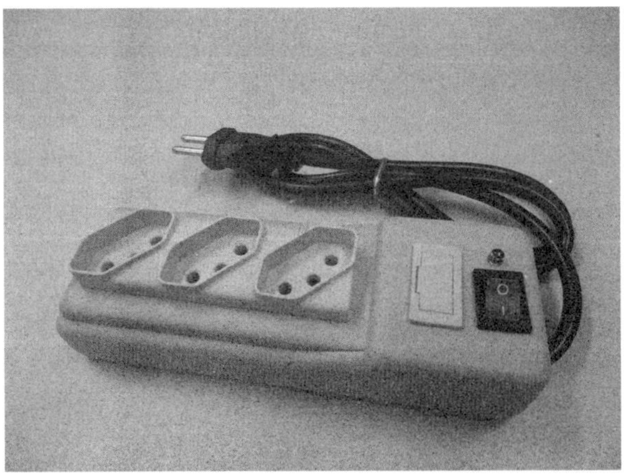

Figura 3. Filtro de linha.

O problema com o transiente é que aparelhos eletrônicos como computadores possuem componentes muito sensíveis a esse tipo de ruído elétrico. Usamos, nesse caso, um filtro de linha. É bom ressaltar que as fontes de alimentação dos computadores já possuem um filtro de linha, mas nada impede que se ligue o equipamento a um filtro externo, que funcionará como uma proteção adicional.

Os filtros podem ser adquiridos em lojas de informática e geralmente se assemelham a extensões com várias tomadas tripolares para ligar os equipamentos. A diferença entre o filtro e a extensão é que o primeiro possui eletrônica embutida para atenuar os transientes, e o segundo é um mero expansor do alcance de uma tomada.

Troca do fusível

A maioria dos filtros possui um fusível, do tipo bulbo de vidro, que se abre em caso de sobrecorrentes que possam danificar o equipamento de informática. Na prática, funciona como um segundo recurso de proteção aos equipamentos ligados nele. Esses fusíveis ficam em um porta-fusível e sua substituição é muito fácil: usando uma chave de fenda, retire o porta-fusível e coloque outro com as mesmas especificações de corrente máxima suportada. As figuras 4 e 5 ilustram o procedimento e o fusível do tipo bulbo de vidro.

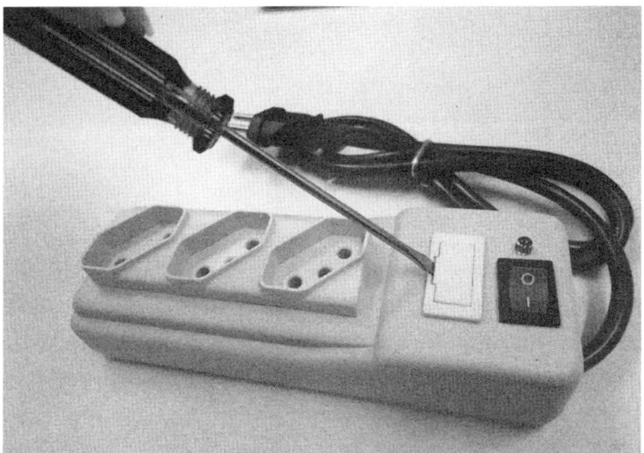

Figura 4. Remoção do fusível.

Figura 5. Fusível.

Estabilizadores

A rede elétrica está sujeita a oscilações de tensão. Quando dizemos que na nossa tomada temos uma tensão de 110 V, estamos nos referindo a uma tensão que pode variar de 95 V a 120 V. Essa variação é causada por diversos fatores, como horário, sobrecarga dos transformadores da rede e atenuação da rede elétrica. Tensões muito baixas vão provocar um mau funcionamento do computador e tensões altas podem danificá-lo. Os estabilizadores ou reguladores de tensão têm a função de atenuar esse fenômeno.

No momento da compra de um regulador, a sua potência, expressa em VA (volt-ampère), deve ser escolhida com base no que vamos ligar nele. Um estabilizador comum de 300 VA é capaz de suportar um computador, um monitor de vídeo e uma impressora a jato de tinta. Se considerarmos uma impressora a laser, devemos ter um regulador com essa potência dedicado somente para alimentá-la.

Uma informação importante sobre os estabilizadores atuais é que eles também têm a função de filtro de linha. Portanto, se você possui um regulador, não precisa comprar um filtro.

Existem muitos testes atuais mostrando a ineficiência da maioria dos reguladores encontrados no mercado. Antes de adquirir um, veja se ele já foi testado e como se saiu na função de manter o nível de tensão.

Escolha da tensão de entrada

Geralmente, os estabilizadores usados em informática permitem que se escolha a tensão de entrada: 110 V ou 220 V. E, assim como os filtros, os estabilizadores também têm um fusível de proteção.

Nobreaks

Os nobreaks ou UPS (*uninterrupted power supply*) são sistemas de energia ininterrupta cuja função é manter a alimentação dos equipamentos caso haja uma queda no fornecimento de energia. Para conseguir executar essa função, os nobreaks se utilizam de baterias capazes de evitar que uma interrupção no fornecimento de energia suspenda, abruptamente, o funcionamento dos equipamentos. Dependendo da capacidade de carga das baterias, os nobreaks podem manter os equipamentos funcionando por alguns minutos ou até por horas. Ao comprar um nobreak, você estará adquirindo junto um regulador de tensão e um filtro de linha, funções também exercidas por ele. Portanto, não é necessário adquirir esses dispositivos se você já possui um nobreak.

3
Fontes de alimentação

OBJETIVOS

- Conhecer o funcionamento das fontes de alimentação
- Realizar medição da tensão

Conhecendo a fonte de alimentação

A fonte de alimentação do computador tem a função de converter a tensão de entrada em corrente alternada (AC) – que pode ser de 110 V ou 220 V – em vários níveis de tensão em corrente contínua (DC), que alimentarão os diversos sistemas de um computador.

Para ligar uma fonte ATX, utilizamos uma chave liga/desliga (presente na parte frontal do gabinete) que é conectada por meio de um par de fios a um contato na placa-mãe (figura 1). Esse contato geralmente fica junto aos contatos de ligação do alto-falante e dos leds frontais do gabinete. Ele é identificado, no manual da placa-mãe, como Power SW, Power Switch ou Power Button (na serigrafia da placa, pode aparecer somente PW ou PWBT). A chave atua sobre a placa-mãe, que posteriormente envia um sinal para ligar a fonte.

Figura 1. Contato Power Switch.

Conectores dos cabos de saída (chicotes) das fontes

A função da fonte é alimentar os diversos dispositivos internos do computador. De acordo com o dispositivo, o conector dos cabos de saída apresenta um formato diferente. Na figura 2, temos exemplos de diversos conectores. O conector 1 serve para alimentar o disco rígido SATA; o conector 2 alimenta o disco rígido ATA (Advanced Technology Attachment) e as unidades de DVD/CD; o conector 3 é para drive de disquete de 3,5 polegadas; e o conector 4 é para placas-mãe do tipo ATX.

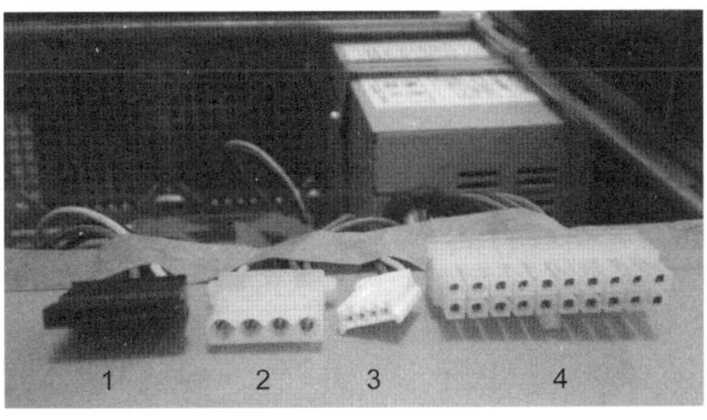

Figura 2. Conectores dos cabos da fonte.

Na figura 2, podemos ver que os conectores foram projetados para impedir conexões invertidas. Um conector que merece atenção é o de drive de disquete (3). Apesar dos chanfros e das unhas – que são cortes e saliências presentes na extremidade do conector –, se forçarmos a sua entrada invertida, ele pode encaixar e, nesse caso, ao ligarmos o computador, o drive será danificado. Essa é uma preocupação menor atualmente, pois esse tipo de dispositivo está obsoleto.

Na figura 3, temos a conexão ATX em uma placa-mãe. Essa conexão pode se apresentar com 20 ou 24 pinos. Na figura 4, há um conector ATX de 24 pinos dividido em duas partes: uma com 20 pinos e a outra com 4. Dessa forma, esse conector pode ser usado tanto nas placas com conexão para 20 pinos quanto nas que têm encaixe para 24 pinos.

Figura 3. Conector ATX.

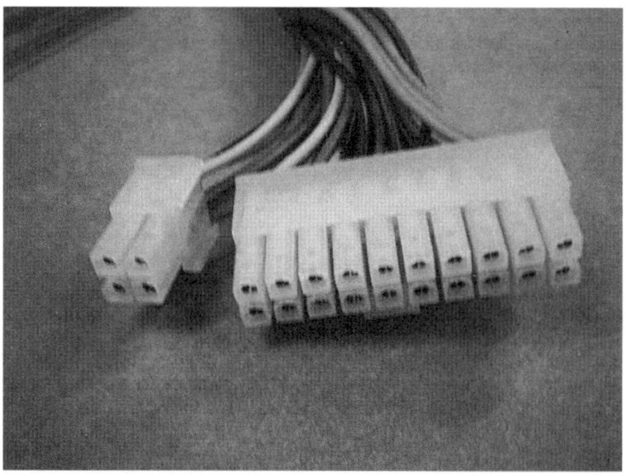

Figura 4. Conector ATX de 24 pinos.

Medição da regulação de saída

As fontes de qualquer potência, operando com carga máxima, devem apresentar as tensões de saída dentro das seguintes tolerâncias:

Tensão	+5 V	+12 V	–5 V	–12 V
Tolerância	+/–5%	+/–7%	+/–10%	+/–10%

O quadro a seguir indica a cor e a função dos fios:

Cor	Função
Preto	Terra
Vermelho	+5 V
Amarelo	+12 V
Branco	–5 V
Azul	–12 V
Verde	Ligar fonte
Laranja	+3,3 V
Violeta	+5 V stand-by
Cinza	Power Good

Procedimentos para medição da tensão

Posicione o multímetro para medição de tensão contínua (DCV) em uma escala que tenha condições de medir até 12 V. Ponha a ponta preta no pino do terra (preto) e a ponta vermelha na saída a ser testada. Se a fonte a ser medida não estiver alimentando nenhum dispositivo, as medidas obtidas não serão muito confiáveis. Para simular a presença de um dispositivo sendo alimentado pela fonte, você pode usar um resistor de 10 Ω e 10 W. A figura 5 ilustra como seria feita a medição: coloca-se um terminal do resistor no terra e o outro na saída que está sendo testada.

Figura 5. Medição das saídas da fonte.

Ligar a fonte

As fontes ATX possuem um fio de cor verde que tem a função de transmitir o sinal de ligar a fonte. Caso você queira testar uma fonte desse tipo sem que ela esteja ligada a uma placa-mãe, é necessário aterrar esse fio: usando um pedaço de fio, conecte o fio verde a qualquer fio preto da saída da fonte.

Power Good

O conector que alimenta a placa-mãe possui um sinal chamado Power Good. Sua função é avisar à placa-mãe que a fonte já está em pleno funcionamento e que ela pode sair do estado de Reset. A cor do fio que leva esse sinal é laranja nas fontes AT e cinza nas ATX. O tempo de resposta desse sinal deve ser entre 100 e 500 milissegundos.

5 V stand-by

Esse sinal só está disponível nas fontes ATX. É ele que permite que computadores fiquem em estado de "hibernação", despertando ao perceberem atividade em algum dispositivo (modem, placa de rede). Deve-se dar atenção especial a computadores equipados com essas fontes, já que eles sempre estarão energizados. Antes de promover alguma manutenção interna, certifique-se de que o computador não está ligado à rede de energia.

Conector de 12 V

Alguns processadores que exigem mais corrente elétrica necessitam que a fonte possua um conector auxiliar de 12 V. Esse conector vai fornecer justamente a corrente exigida. A figura 6 mostra o aspecto desse conector. Ele possui apenas quatro fios, dois amarelos e dois pretos. Os amarelos levam um sinal de 12 V e os pretos são o terra.

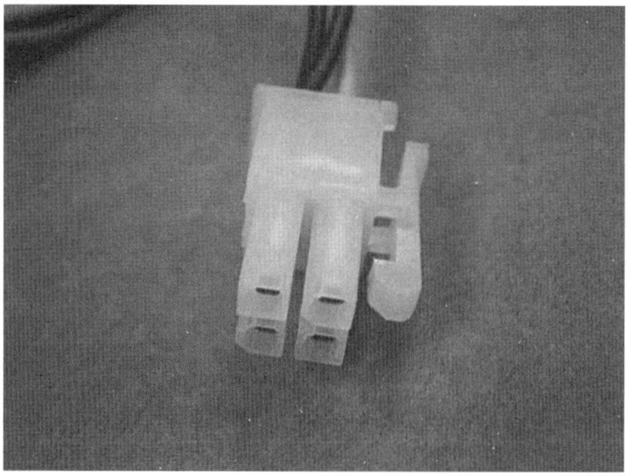

Figura 6. Conector auxiliar de 12 V.

Na placa-mãe, teremos o local apropriado para encaixá-lo. Na figura 7, ele está próximo ao conector principal da fonte.

Figura 7. Conector de encaixe na placa-mãe.

Anotações

4
Placa-mãe

OBJETIVOS

- Identificar os modelos de placa-mãe
- Conhecer os recursos onboard e offboard
- Diferenciar os encaixes do processador
- Entender o funcionamento dos barramentos

Placa-mãe

A placa-mãe é um dos principais responsáveis pelo bom funcionamento do computador, justamente porque tudo é conectado a ela. Por isso, mais importante que comprar um processador superpotente é saber que tipo de placa-mãe é perfeitamente compatível com ele. Há muitos casos de computadores com um bom processador, com muita memória, mas extremamente lentos pela baixa qualidade da placa-mãe.

É normal que o primeiro componente que pensamos comprar, na hora de montar o micro, seja o processador. É recomendável, porém, adquirir primeiro a placa-mãe. Deve-se conhecê-la bem (ou pelo menos ler o manual de instruções), para posteriormente comprar o restante das placas.

Formatos de placa-mãe

Existem três formatos de placa-mãe: AT, ATX e BTX.

Placa-mãe AT

Esse tipo de placa não só usa fonte AT (que é desligada pelo botão *Liga/Desliga*) como seu gabinete também deve ter formato AT. Além disso, o conector do teclado é maior do que o conector ATX. Se desejarmos trocar a fonte do computador para utilizar os recursos ATX, devemos antes trocar o gabinete e o teclado, mesmo que algumas placas antigas contenham os dois conectores (AT e ATX).

Figura 1. Placa-mãe AT/ATX.

Placa-mãe ATX

Todas as placas-mãe novas são do formato ATX. A única diferença entre elas está no tamanho (que normalmente se adapta a todos os tipos de gabinetes ATX). Na tabela 1, é possível visualizar os diversos tamanhos de placas ATX:

Tabela 1. Tipos de placa-mãe ATX

Classificação	Dimensões (cm)
Full-ATX (padrão)	30,5 × 24,4
Mini-ATX	28,4 × 20,8
Flex-ATX	22,9 × 19,1
Micro-ATX	24,4 × 24,4

Fonte: Serviço Nacional de Aprendizagem Comercial, *Manutenção de computadores* (2ª ed. São Paulo: Editora Senac São Paulo, 2002), apostila.

Figura 2. Placa-mãe ATX.

Placa-mãe BTX

Em alguns anos essa placa substituirá o padrão ATX. Esse novo padrão reagrupa os componentes da placa-mãe para permitir melhor dissipação de calor entre eles. O processador, por exemplo, fica localizado próximo da entrada de ar frontal do gabinete para receber primeiro o ar frio que entra nele por meio dos coolers.

Recursos onboard

Placa-mãe onboard

Hoje é bastante comum as placas-mãe virem com dispositivos integrados, como placa de fax-modem (internet), placa de rede, placa de som e placa de vídeo. Não fique feliz se, ao comprar uma placa dessas, o vendedor lhe disser que você ganhará de brinde as outras placas antes citadas. Na verdade, você estará levando uma placa-mãe onboard, ou seja, os tais "brindes" nada mais são que recursos integrados à placa (não é possível excluí-los, mas sim desabilitá-los quando necessário).

Mas, cuidado, a má fama das placas onboard é muito relativa, pois depende do uso que você fará do computador. Não é necessário gastar 5 mil reais em um computador só para jogar *Paciência* ou redigir cartas no Word, certo? Outro ponto importante é que, ao contrário de outras placas, a qualidade dos recursos onboard depende da marca e do modelo da placa-mãe (como a Asus, por exemplo).

Outros recursos onboard

Além dessas placas que vêm integradas em algumas placas-mãe, temos outros recursos que são onboard, independentemente de sua marca ou modelo.

Antigamente, para instalar um leitor de disquete ou um HD, era preciso que o computador tivesse uma placa (offboard) chamada controladora de disco IDE. Ou pior: para instalar o leitor de CD, era necessário conectá-lo à placa de som, e se, por algum motivo, ela perdesse a configuração, o leitor simplesmente parava de funcionar. Ainda bem que isso acabou. Hoje temos todos esses recursos integrados diretamente na placa-mãe.

Na tabela 2, fornecemos uma listagem dos dispositivos onboard em placas ATX novas, excetuando as placas integradas, das quais já falamos anteriormente.

Tabela 2. Dispositivos onboard em placas-mãe ATX

Dispositivo	Conector	Conexão
1 porta de 34 vias	Para flat cable de 34 vias	Floppy disk drive
2 portas IDE	Para flat cable de 40 vias	Até quatro (usando flat cable duplo) HDs, leitores e gravadores de CD e DVD ou zip drive interno
1 porta paralela*	Fêmea de 25 pinos	Impressora, escâner de mesa, gravador de CD externo, joystick, etc.
2 portas seriais	Macho de 9 pinos	Mouse, impressora fiscal ou outro dispositivo serial
2 portas USB	USB	Teclado, mouse, impressora, escâner, câmera digital ou pocket PC, etc.
2 portas PS/2	Mini-DIN fêmea de 6 pinos	Uma porta para teclado e outra para mouse
5 portas SATA	SATA	HD, DVD e Blue-ray

* Hoje, a maioria dos dispositivos paralelos foi substituída pelas portas USB, SATA e até HDMI.

Fonte: *Ibidem*.

Em placas ATX, é possível instalar várias portas USB por meio de um conector igual ao usado nas placas AT e pelas conexões frontais nos gabinetes novos.

As placas do tipo AT também possuem a maioria desses recursos onboard, porém em forma de conectores, e não soldados diretos à placa, como é o caso do ATX. Para conexão desses conectores, é necessário primeiro identificar o conector que será instalado e depois procurar na placa o seu encaixe correspondente, que em geral está identificado ao lado de sua conexão. Por exemplo: se tivermos um conector serial para placa-mãe AT, ao lado da conexão correspondente na placa haverá a identificação COM 1, e se tivermos um conector para porta paralela, LPT1 ou Printer (impressora), encontraremos a identificação COM 2.

Nas placas-mãe novas, as conexões ATX (teclado, mouse, porta paralela, etc.) são coloridas, facilitando, assim, o manuseio pelo usuário comum, que ao comprar um computador será perfeitamente capaz de conectar os dispositivos externos sem a ajuda de um técnico.

É comum alguns dispositivos onboard, como o vídeo, por exemplo, usarem a memória RAM do computador, deixando assim o computador mais lento. Imaginemos um computador com 4 GB de memória RAM e uma placa de vídeo onboard de 1,7 GB. Automaticamente, esse computador irá trabalhar com 2,3 GB de memória, o que pode não ser tão ruim, se levarmos em consideração a utilidade que se fará dele, como mencionado anteriormente.

Não é possível especificarmos com exatidão todos os dispositivos onboard disponíveis em uma placa-mãe, uma vez que isso depende do fabricante. Para obter essas informações, devemos consultar o manual da placa-mãe. As configurações são feitas geralmente no Setup da placa.

Principais encaixes para processador na placa-mãe

O encaixe pode ser de dois tipos: soquete ou slot. Além de saber qual processador instalar na placa, precisamos conhecer a pinagem (formato do processador e quantidade de pinos) que ele possui, a fim de verificar a compatibilidade de conexão.

A tabela 3 relaciona a maioria dos encaixes existentes na placa-mãe.

Tabela 3. Principais tipos de encaixe para processador na placa-mãe

Encaixe	Processador
Soquete 3	486 e 586
Soquete 7	Intel Pentium, Pentium MMX, AMD K6, alguns AMD K6-2, 6x86 e 6x86 MX
Super 7	Processadores com a pinagem do soquete 7, como alguns AMD K6-2 e K6-3
Soquete 8	Pentium Pro
Soquete 370*	Celeron PPGA (soquete), Pentium III (soquete) e os extintos Cyrix III
Soquete 423	Usado nos primeiros Pentium 4 (hoje não são mais utilizados)
Soquete 478	Usado na maioria dos Pentium 4
Soquete 608	Xeon MP, destinados a servidores de rede

(cont.)

Encaixe	Processador
Soquete 754	Sempron e Athlon 64
Soquete AM2	Sempron 64Bits, 64 FX, 64 FX2
Soquete AM2	A partir do Phenom (AMD)
Soquete LGA 775	Pentium D, Celeron D, Core 2 Duo, Core 2 Quad, Pentium Extreme Edition
Soquete AM3	Phenom II e Athlon II, que utilizam memória DDR3
Soquete AM3+	AMD AM3+ 32 nm CPU
Soquete LGA 2011	Intel Core i7 2ª geração
Soquete LGA 1366	Intel Core i7
Soquete LGA 1156	Marcou o fim da parte norte do dipset, movida para o processador Core i5 e i7
Soquete A ou 462	AMD Duron, Athlon e Athlon XP
Soquete 939	AMD 64 FX
Slot 1	Também conhecido como processador em formato de cartucho, da Intel (Pentium II), e alguns Celeron no formato SECC
Slot 2	Pentium II Xeon e Pentium III Xeon (destinados a servidores)
Slot A**	Usado pelos primeiros processadores AMD Athlon

* Existem no mercado adaptadores de soquete 370 para slot 1, cujo histórico é um pouco ruim, pois apresentam muitas falhas.

** Embora semelhante ao slot 1, ambos não são compatíveis, afinal seus fabricantes são concorrentes.

Fontes: *Ibidem; Guia do hardware*, disponível em http://www.guiadohardware.net/analises/03. Acesso em 03-04-2013.

Barramentos

Em um computador ou em uma rede, o barramento é um canal que transporta sinais de ou para os dispositivos a ele conectados. Há dois tipos de barramento: o de extensão e o de expansão.

Barramento de extensão

Extensão lembra continuação, portanto um barramento de extensão na placa-mãe refere-se a dispositivos onboard, como é o caso das placas de vídeo, modem, rede e som.

Barramento de expansão

Expansão lembra melhoria, ou seja, quando desejamos melhorar a placa-mãe, compramos uma placa (offboard) e a instalamos em um barramento de expansão. Para controlar esse fluxo de informação expandida, existe um mediador chamado chipset, do qual trataremos mais adiante.

Com a popularização dos computadores onboard, é muito comum vermos, em propagandas e promoções desses produtos, a grande variedade de slots de expansão sendo oferecida como diferencial de venda.

A seguir, trataremos resumidamente de cada tipo de barramento de expansão.

ISA (Industry Standard Architecture)

O barramento ISA foi, durante muito tempo, o mais usado por ser compatível com a maioria dos computadores. A partir da década de 1990, tornou-se obsoleto, em virtude da chegada do padrão PCI.

A título de curiosidade, é possível instalar uma placa ISA de 8 bits em um barramento de 16 bits, pois os encaixes são compatíveis.

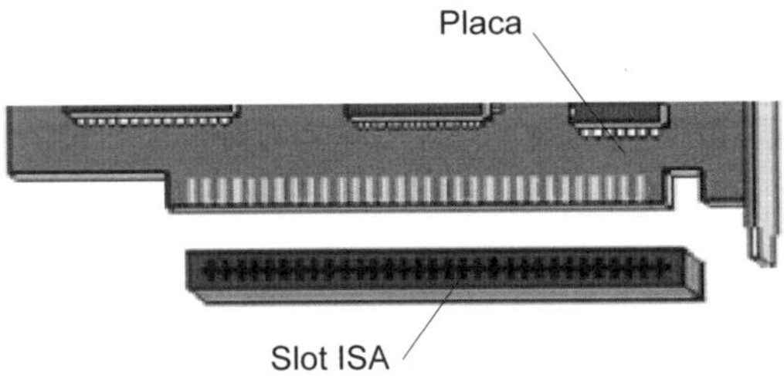

Figura 3. Esquema do barramento ISA.

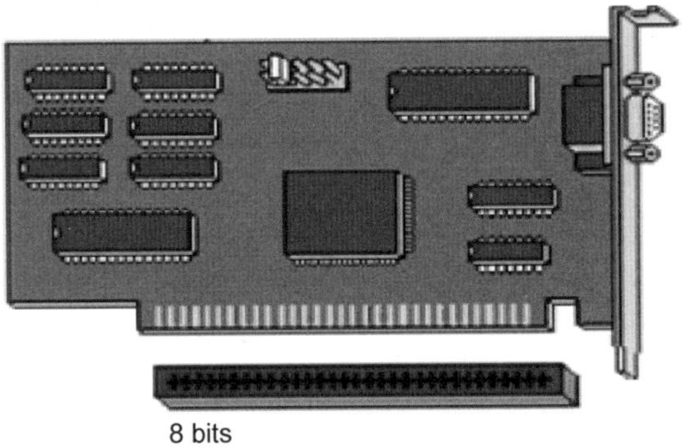

Figura 4. Barramento de dados de 8 bits (ISA).
Frequência de operação de 8 MHz.

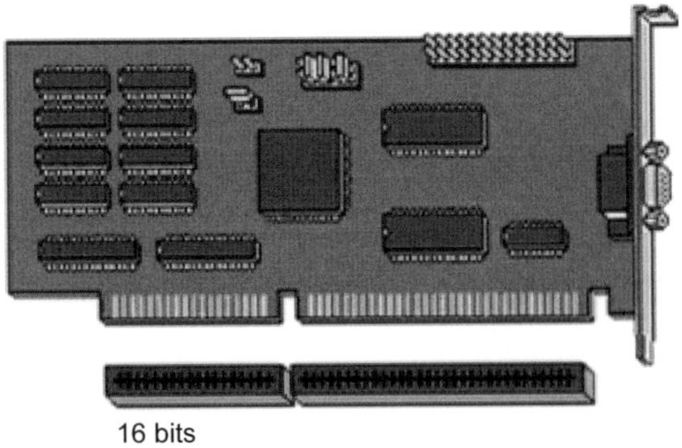

Figura 5. Modem ISA de 8 bits.

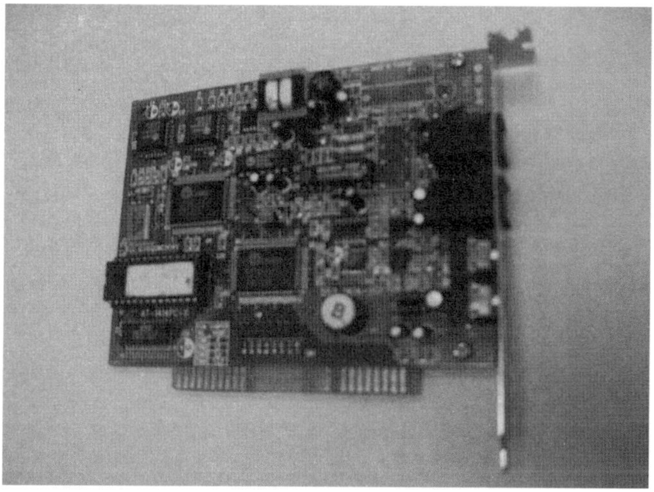

Figura 6. Barramento de dados de 16 bits (ISA). Frequência de operação de 8 MHz.

Figura 7. Placa de som ISA de 16 bits.

PCI (Peripheral Component Interconnect)

Atualmente, o padrão PCI é o barramento mais utilizado. Toda placa nova (offboard) usa esse barramento, com exceção da placa de vídeo.

Figura 8. Barramento de dados de 32 bits (PCI). Frequência de operação de 33 MHz.

PCI Express

Criado pela Intel em 2004, o invento do PCI Express, ou PCIe, se deu em virtude de o barramento PCI tradicional ser compartilhado com todos os periféricos ligados a ele, além de substituir também o AGP (Accelerated Graphics Port). A grande vantagem desse novo barramento é ter um canal exclusivo de comunicação (serial) com o chipset, promovendo aumento significativo nas taxas de transmissão e consequentemente na velocidade.

Os slots PCIe rodam 1, 2, 4, 8 ou 16 caminhos dedicados entre a placa-mãe e a placa PCI Express. Esses números são acompanhados pela letra "x", por exemplo, 1x, 2x, 4x, 8x e 16x.

Enquanto o barramento transfere 133 MB/s, o PCIe 1x (de menor velocidade) transfere 250 MB/s e o PCIe 16x, 4GB/s.

PCI Express 2.0

Criado em janeiro de 2007, oferece o dobro de velocidade de transferência que o padrão anterior, ou seja, 500 MB/s. Um slot PCIe 16x, no padrão 2.0, transfere até 8 GB/s contra 4 GB/s do padrão antigo.

As placas na versão 1.1 podem ser instaladas no slot 2.0, assim como placas na versão 2.0 podem ser instaladas no slot 1.1.

PCI Express 3.0

Lançado em meados de 2011, duplicou a taxa de transferência da versão anterior, garantindo ao menos 16 GB/s, além de manter a compatibilidade com alguns equipamentos da versão anterior.

AGP (Accelerated Graphics Port)

O barramento AGP foi criado exclusivamente para interface de vídeo 3D. Antigamente, só era possível usar recursos de vídeo 3D caso instalássemos, além da placa de vídeo, uma placa aceleradora gráfica, ou 3D. Hoje, temos duas em uma, que pode ser PCI ou AGP, sendo a segunda de melhor qualidade.

Existem vários tipos de barramento AGP: 1x, 2x, 4x e 8x. Quanto maior a velocidade, maior será a transferência de dados entre a placa-mãe e a placa de vídeo, mas isso depende da compatibilidade entre elas. Para verificar se são compatíveis, é necessário ter sempre em mãos o manual da placa-mãe. As versões 4x e 8x são mais rápidas, porque, além de terem processador (na placa de vídeo) e memória mais potentes, recebem alimentação extra enquanto estão em funcionamento.

Outra boa notícia é que as placas-mãe onboard, além do vídeo integrado, têm slot AGP disponível, caso optemos por instalar uma placa de vídeo offboard.

Figura 9. Slot AGP.

Figura 10. Slot AGP 2x e 4x.

Figura 11. Slot AGP.

Figura 12. Barramento AGP.

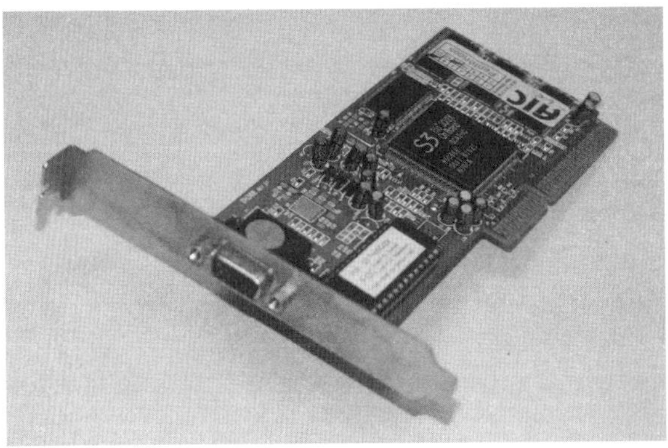

Figura 13. Barramento AGP.

AMR (Audio/Modem Riser)

O barramento AMR foi criado pela Intel a fim de deixar livres os slots PCI. Trata-se de um conector bem pequeno, localizado geralmente ao lado do barramento AGP. Trabalha com a tecnologia HSP (Host Signal Processing), analogamente às placas onboard. Portanto, esse barramento é de expansão, mas trabalha como barramento de extensão.

O maior problema do AMR é que ele afeta o desempenho geral do micro, que pode chegar até 15% de perda. Se, por exemplo, um computador é rápido, porém fica relativamente lento quando conectado à internet, provavelmente é por causa da placa de fax-modem no barramento AMR. A solução, nesse caso, é trocá-lo por uma placa PCI.

CNR (Communications and Network Riser)

O barramento CNR é a segunda geração do AMR, e trabalha do mesmo modo que ele, porém foi projetado para placa de rede. Normalmente, localiza-se na borda da placa.

Portas de comunicação

Existem quatro formas de comunicação entre os periféricos e a placa-mãe. São elas:

- comunicação serial: transmissão de dados bit a bit (uma informação por vez), utilizando conector serial de 9 ou 25 pinos do tipo macho. Alguns dispositivos seriais: mouse, algumas impressoras matriciais, webcam, palm, sistema PDV (automação comercial). Nomenclatura da porta: COM 1 e COM 2;
- comunicação paralela: transmissão de dados byte a byte (oito informações por vez), mais rápida. Alguns dispositivos paralelos: impressora, escâner, zip drive, gravador de CD externo, joystick. Nomenclatura da porta: LPT1;
- comunicação USB (Universal Serial Bus ou Barramento Serial Universal): interface universal, plug-and-play, que substitui praticamente tudo o que existe de serial e paralelo. É extremamente rápida e de fácil instalação. Em uma única porta USB é possível instalar até 127 dispositivos utilizando um HUB. Existem dois tipos de conectores USB: o tipo A, que representa a saída no computador, e o tipo B, que representa a entrada localizada no periférico. Apesar de não ser regra, é bastante comum essa representação. Além dos tipos, existem três velocidades de comunicação: 1.1 (1,5 Mbps), 2.0 (60 Mbps) e 3.0 (600 Mbps).
- comunicação Firewire – IEEE 1394: conexão de alta velocidade (400 Mbps) para periféricos desse padrão.

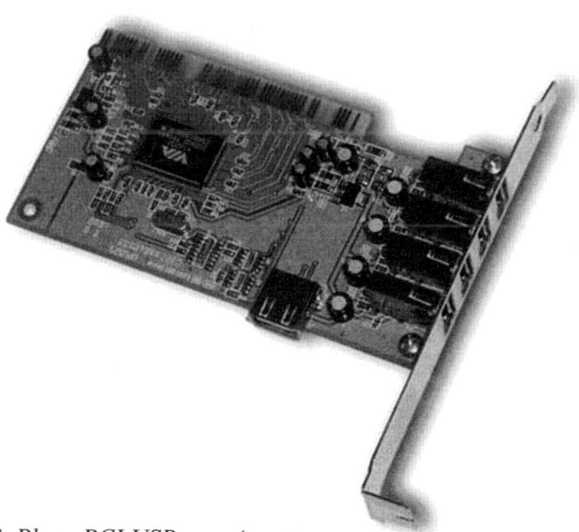

Figura 14. Placa PCI USB com 4 portas.

Figura 15. Conector USB do tipo A duplo.

Figura 16. Placa PCI USB com 2 portas.

Figura 17. Conector USB do tipo B.

Chipset

Tão importante quanto o processador, a memória e outros dispositivos, o chipset é o circuito de apoio aos recursos existentes em um computador. Por ser um componente produzido por diversos fabricantes, o desempenho do chipset pode variar de uma placa-mãe para outra. Por isso não podemos generalizar, julgando que toda placa-mãe onboard é ruim, pois sua qualidade depende muito da procedência do chipset.

Podemos afirmar que o chipset é como um guarda de trânsito que organiza o tráfego e evita colisões.

É ele que define o tipo de memória e de HD que devemos utilizar. Portanto, antes de adquirir esses componentes, é necessário consultar o manual da placa-mãe, a fim de verificar as características e a compatibilidade do chipset.

Figura 18. Chipsets da Intel.

> Caso você não tenha o manual da placa-mãe (o que é muito comum), baixe-o da internet, no site do fabricante. Para isso, você precisa conhecer a marca e o modelo da placa (não confunda a marca da placa com a marca do chipset, que podem ser diferentes). Se sua placa-mãe parece não ter marca, procure na internet softwares (CTBIOS, por exemplo) que identificam marca e modelo de placas.

Ao observar uma placa-mãe, percebemos dois chipsets, como na figura 18. Isso não quer dizer que a placa é superpotente, mas sim que há uma divisão de trabalho entre os chipsets, que ocorre da seguinte maneira:

- ponte norte ou controlador de sistema: entre as pontes, é a que tem a função mais importante, controlando o funcionamento da memória RAM, o barramento PCI, a frequência do processador e até a possibilidade de fazer um overclock (aumentar a frequência do processador, a fim de fazê-lo funcionar mais rapidamente);

> Com o lançamento dos processadores Core i7, esse item foi incorporado ao processador, aumentando ainda mais a velocidade de processamento.

- ponte sul ou controlador de periféricos: sua função é controlar o barramento ISA, o IRQ (controlador de interrupção) e o DMA (acesso direto à memória), além de controlar todo o funcionamento dos periféricos onboard e as controladoras de discos (IDE, floppy, paralela, USB, etc.).

5
Processadores e refrigeração de CPU

OBJETIVOS

- Conhecer a história, a evolução e o funcionamento dos processadores
- Entender para que servem os conjuntos de instruções
- Conhecer a importância do sistema de refrigeração do computador

Processadores

Falar de processadores é realmente um desafio, pois, enquanto este capítulo é escrito, grandes fabricantes, como a Intel e a AMD, estão trabalhando em algum novo projeto.

O processador é o principal componente do computador, responsável por processar todas as informações solicitadas, como abrir um programa, assistir a um vídeo ou simplesmente ligar o computador, além de ser o carro-chefe da evolução tecnológica dos computadores.

Desde o Intel 4004, o primeiro processador do mundo, criado pela Intel em 1971, os processadores têm evoluído continuamente, e a cada ano que passa essa evolução torna-se mais acelerada. Em toda a história da humanidade, nada evoluiu mais rápido do que os processadores.

Figura 1. Processador Intel 4004.

Todo esse avanço ocorre graças à miniaturização dos transistores, que permitiu a criação dos circuitos integrados e dos microchips.

Transistor

O transistor foi criado em 1947, nos laboratórios da Bell Telephone, por John Bardeen (1908 - 1991) e Walter Brattain (1902 - 1987), e era feito à mão. O nome transistor é uma combinação de dois termos ingleses que definem suas propriedades intrínsecas: "resistor de transferência" (*transfer resistor*). Os laboratórios Bell mantiveram essa descoberta em segredo até junho de 1948.

O transistor é uma estrutura muito simples, composta basicamente de três filamentos: um filamento emissor, outro coletor e um terceiro, chamado base. Entre os três polos, existe um material semicondutor que permite que o transistor não tenha partes móveis (figura 3).

Cada transistor funciona como uma espécie de chave que pode permitir ou interromper a transmissão de um sinal elétrico, que podemos interpretar como 0 (zero) ou 1.

Hoje, os transistores são fabricados com silício pelo processo de litografia óptica, técnica que usa luz, máscara e vários produtos químicos diferentes para esculpir as camadas do transistor. Esse processo permite alcançar níveis incríveis de miniaturização. Quanto ao tamanho, são comuns os transistores de 0,13 mícron (1 mícron = 1 milésimo de milímetro).

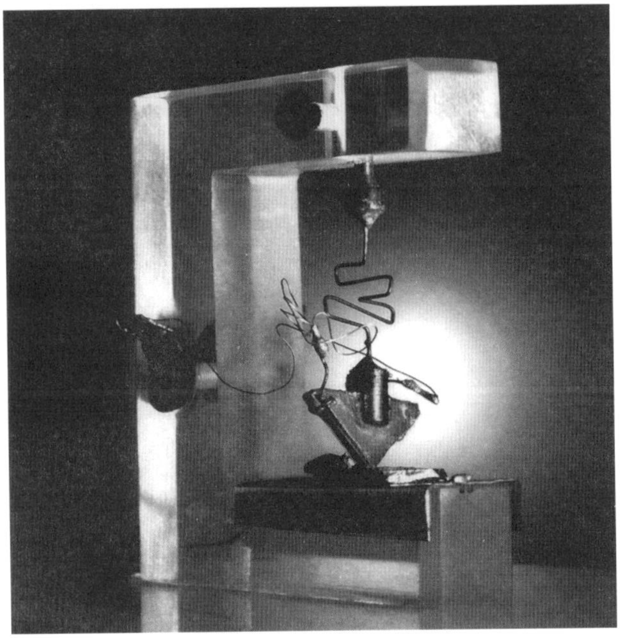

Figura 2. Esquema de transistor.

Figura 3. Transistor e seus três filamentos.

A partir de 2005, conseguiu-se fabricar transistores de 0,07 mícron. Para se ter uma ideia do que representa um transistor de 0,07 mícron, basta dizer que cada um de seus gates, ou filamentos, tem somente três átomos de cobre de espessura.

Nos transistores de 0,13 mícron ou menores, os fabricantes de processadores utilizam luz ultravioleta (EUV – *extreme ultraviolet*) na litografia óptica, pois ela oferece um nível de precisão muito maior, tendo em vista as dimensões cada vez menores desses dispositivos.

Quanto menor o transistor, maior será sua quantidade em um único processador, o que possibilita criar processadores com frequências de operação cada vez mais altas. Quanto mais transistores um microchip possuir, mais operações por ciclo ele será capaz de executar. Quanto maior o transistor, menor será sua frequência de operação, porque, quanto mais distante estiver um transistor do outro, maior será o tempo de transmissão do sinal, e maiores as interferências e perdas de sinais.

Um processador 8088 da Intel (o famoso XT) possuía 29 mil transistores de 3 micra e alcançava uma frequência de 4,77 MHz; hoje, um Intel Core i7 possui milhões de transistores.

Na década de 1970, Gordon Moore, então presidente da Intel, lançou uma profecia: a partir dali, o poder de processamento dobraria a cada dezoito meses (um ano e meio).

Seu prognóstico não só se tornou realidade, como acabou se transformando na famosa lei de Moore, pois vem se mantendo preciso até os dias de hoje.

Frequência de operação

É muito importante saber que o desempenho do computador não é determinado apenas pelo processador, mas sim pelo trabalho conjunto de todos os componentes. Indo mais além, o desempenho do computador não depende também só da frequência de operação do processador; se fosse assim, um 486 de 100 MHz teria o mesmo desempenho de um Pentium 100 que também opera a 100 MHz.

Megahertz é a medida da velocidade de operação de um microprocessador. Um megahertz (ou MHz) corresponde a 1 milhão de ciclos por segundo. Na prática, isso significa que um microprocessador de 100 MHz pode executar 100 milhões de operações aritméticas em 1 segundo.

A frequência de operação serve apenas como um contador de ciclos. O que cada processador fará com cada um desses ciclos, porém, já é outro assunto.

A palavra hertz, que dá nome à unidade de frequência, é uma homenagem ao físico alemão Heinrich Hertz (1857-1894), que descobriu o fenômeno das vibrações eletromagnéticas no final do século XIX. Utilizamos também o termo clock para nos referirmos aos hertz gerados pelo processador. Assim, quando dizemos: "um processador com clock de 100 MHz", *grosso modo* estamos nos referindo a um processador com velocidade de 100 MHz.

Praticamente todos os circuitos eletrônicos utilizam um cristal de quartzo para controlar os sinais elétricos responsáveis pelo seu funcionamento. Cada transistor é como um farol, que pode estar aberto ou fechado para a passagem da corrente elétrica. O estado de cada transistor (aberto ou fechado) pode alterar o estado de outros transistores mais adiante, criando o caminho que o sinal de clock irá percorrer para que cada instrução seja processada. De acordo com o caminho tomado, o sinal irá terminar em um local diferente.

Um cristal de quartzo vibra 14,7 milhões de vezes por segundo. A cada pulso do cristal, um circuito gera um certo número de clocks, de acordo com sua frequência de operação. Dentro de cada ciclo de clock deve haver tempo suficiente para que o sinal percorra todo o processador e todas as operações necessárias sejam concluídas.

Existe sempre uma frequência máxima de operação que cada circuito é capaz de suportar. Essa frequência é determinada pela técnica de fabricação do transistor (0,35 micron ou 1,18 mícron, por exemplo), pelo projeto do processador, pelo número de transistores, entre outros.

A cada ciclo ou hertz, o processador executa um certo número de instruções. A essas instruções chamamos palavra binária.

Evolução dos processadores

Uma forma de entender como realmente funciona um processador é remontarmos às suas origens, fazendo um breve relato histórico de cada um deles. Assim, ao descrevermos sua arquitetura, estaremos explicando os novos conceitos e inovações tecnológicas que cada um trouxe para a evolução geral da computação.

Intel 8086

Em 1976, foi lançado o primeiro microprocessador para PC. Era um processador com 29 mil transistores de 3 mícrons, com frequência de operação de 4,77 MHz e 16 bits (palavra binária), ou seja, a cada ciclo ele executava 16 bits de instruções e era capaz de acessar até 1 MB de memória RAM.

Esse processador acabou sendo um grande fracasso, já que, na época, não havia circuitos de apoio que pudessem trabalhar a 16 bits, sendo utilizado apenas em alguns sistemas corporativos.

Figura 4. Processador Intel 8086.

Intel 8088

Lançado no final de 1979, esse processador era quase idêntico ao 8086, com a única diferença de que, externamente, ele trabalhava a 8 bits. Porém, a palavra binária interna de ambos ainda era de 16 bits.

O fato de possuir uma palavra binária externa menor (8 bits) fez com que o 8088 ficasse mais barato, facilitando sua popularização. Foi usado no IBM PC e no IBM XT, além de alguns clones fabricados na época.

Figura 5. Processador Intel 8088.

O primeiro PC lançado pela IBM, em agosto de 1981, além de usar o processador 8088, possuía 64 KB de memória RAM, monitor monocromático de 12 polegadas, drive de disquete de 5 ¼ polegadas e não tinha HD. Ele usava o MS-DOS 1.0 da Microsoft.

Comparando o 8086 e o 8088, fica claro que frequência de operação não significa exatamente velocidade do processador. Podemos ter dois processadores de mesma frequência, como nesse caso, e um deles ser mais rápido em razão do tamanho da palavra binária externa (que, no caso do 8086, é maior, tornando mais rápida a comunicação com periféricos), lembrando que a cada ciclo, ou seja, a cada hertz, ele executa uma palavra binária, e que os dois processadores são de 4,77 MHz ou 4.770.000 Hz.

Intel 286

O Intel 286 ou i286, lançado em fevereiro de 1982, com 134 mil transistores e chegando a 20 MHz, representou a volta do 8086, acrescido de alguns recursos. Como o 8086, ele é de 16 bits tanto interna quanto externamente, só que dessa vez foi lançado quando já existiam circuitos de apoio a 16 bits a preços acessíveis. Com isso, obteve uma aceitação incrível.

Figura 6. Processador Intel 80286.

Coprocessador aritmético

O 286, como também o 8086, suportava um coprocessador aritmético, isto é, um processador específico para cálculos matemáticos, muito usado para acelerar aplicações gráficas, pois fazer cálculos 3D é uma tarefa árdua ao processador, já que tudo o que ele faz é em 0 e 1. Esse coprocessador, com o código 80287 (8087, no caso do 8086), deveria ser adquirido à parte.

Explicando melhor o que é um coprocessador aritmético: todos os processadores são de números inteiros, porém muitas aplicações necessitam utilizar cálculos de maior precisão, ou matemáticas complexas, como os programas de CAD, destinados à engenharia. O coprocessador aritmético tem a função de auxiliar o processador central no cálculo de números fracionários ou de ponto flutuante. É extremamente necessário em tarefas com aplicativos para gráficos poligonais ou jogos 3D.

Figura 7. Processador AMD 286.

Modo real e modo protegido

O 286 trouxe um grande avanço sobre o 8086: seus modos de operação, ou seja, o modo real e o modo protegido.

No modo real, o 286 trabalha exatamente como o 8086, só que bem mais rápido, trazendo total compatibilidade com os softwares já existentes. Todos os processadores, incluindo os atuais, são capazes de alternar entre modo real e modo protegido.

O modo real só reconhece e gerencia o primeiro megabyte de memória, subdividindo-o em dois blocos: memória convencional e memória estendida.

A memória convencional refere-se aos primeiros 640 KB e é a área mais usada por programas que operam em modo real, por isso é muito comum encontrarmos programas antigos, feitos em Clipper (linguagem baseada em MS-DOS), reclamando de falta de memória, mesmo quando se tratava de um micro de 128 MB de RAM e com muito espaço livre em disco.

Os outros 384 KB referem-se à memória estendida, também chamada de memória superior, e são utilizados pelo BIOS. Nessa faixa de memória são gravadas as memórias do tipo ROM (*read-only memory*, ou memória somente de leitura) de vários dispositivos, como placa de vídeo, placa SCSI, entre outras, além do próprio BIOS da placa-mãe.

O problema com a memória convencional é que os 640 KB não são suficientes para tudo, já que o próprio sistema operacional ocupa boa fatia dessa memória, o que, no caso do 286, obrigava o técnico a fazer verdadeiros milagres, editando arquivos do MS-DOS para liberar o máximo possível dessa memória.

Todos os processadores, quando ligados, inicializam-se em modo real. É o sistema operacional, durante sua inicialização, que dá um comando que o alterna para o modo protegido.

O modo protegido traz funções bem mais avançadas, como a capacidade de acessar toda a memória RAM que o processador for capaz de reconhecer (no caso do 286, 16 MB de RAM), permitir a multitarefa e acessar a memória virtual do disco.

Como vimos, quando o processador é ligado, ele opera em modo real e, depois, com uma determinada instrução, ele passa automaticamente para o modo protegido. O único problema é que, no modo protegido, o processador não tem mais compatibilidade com softwares antigos e, pior, ele não tem mais como voltar ao modo real, a não ser reiniciando o computador.

Poucos softwares foram fabricados para o modo protegido. Dessa forma, o 286 tornou-se um XT mais rápido, ficando o modo protegido adormecido.

Turbo

Junto com o 286 também veio o *Turbo* (aquele botãozinho na frente do gabinete que todos pensavam que, ao apertar, deixaria o microcomputador mais rápido).

Alguns sistemas de bancos de dados ficaram rápidos demais no 286 e acabavam por corromper os bancos de dados (jogar *Pac-Man* então...). Não encontrando solução para isso, os fabricantes colocaram o botão *Turbo* no computador, a fim de diminuir a frequência de operação do computador e, assim, dar compatibilidade com o XT. Vejam só: tínhamos um XT, trocamos por um 286 e apertamos o *Turbo* para matar a saudade.

Os 286 foram utilizados nos PC-AT da IBM e em vários clones de concorrentes.

Intel 386

Lançado em outubro de 1985, com 275 mil transistores e chegando a trabalhar com até 40 MHz, o i386 representou uma grande revolução nos processadores, iniciando por trabalhar tanto interna quanto externamente a 32 bits, e capaz de acessar até 4 GB de RAM.

Corrigindo o problema do 286, ele consegue alternar entre modo real e modo protegido sem a necessidade de reiniciar o computador. Isso é possível graças a um software chamado DPMI (DOS Protected Mode Interface), que faz o chaveamento entre os dois modos.

Com tanta capacidade, foram desenvolvidos vários sistemas operacionais para ele, como o Windows 3.11 (que, na verdade, era um ambiente gráfico para DOS, mas que trabalhava em modo protegido), o OS/2 Warp (primeiro sistema operacional de 32 bits, criado pela IBM) e o Windows NT.

Memória cache

Porém, nem tudo eram flores no mundo dos processadores. O 386 era extremamente rápido, muito rápido para as memórias RAM existentes na época, e isso causava na maioria das vezes uma espera pela resposta da memória para que os dados fossem liberados para poder concluir suas tarefas.

Para solucionar o problema, criaram a memória cache (SRAM), que é uma memória ultrarrápida, capaz de armazenar os dados da memória RAM mais utilizados pelo processador, agilizando, assim, a performance de troca de dados entre processador e memórias. Na verdade, as memórias cache deveriam substituir as memórias da época, mas, pelo seu altíssimo custo, só seriam usadas em pequena quantidade, para auxiliar o processador e as memórias RAM.

Em razão do alto custo dos 386 e de exigirem periféricos de 32 bits, que também eram caros, a Intel lançou um processador chamado 386 SX. Na verdade, o 386 SX é um 386 que, apesar de trabalhar internamente a 32 bits, trabalha externamente a 16 bits. Assim, as placas-mãe poderiam ser fabricadas com um custo menor e com os mesmos componentes do 286. Depois da criação do 386 SX, o 386 original ganhou o nome de 386 DX.

O 386 permite a utilização de coprocessadores, sendo o 80387 SX para os modelos SX e o 80387 DX para os modelos DX.

Foram lançados também muitos 386 da AMD, cujo fabricante, na realidade, era a Intel; a AMD apenas pagava *royalties* para poder lançá-los com seu nome.

Com os 386, portanto, conhecemos mais um fator que afeta a velocidade de um processador: a memória cache. Quanto mais memória cache temos, maior é o desempenho do computador, pois ele precisa acessar menos a memória RAM, extremamente lenta se comparada com o processador.

A figura 8 mostra o esquema de funcionamento do computador até esse ponto da evolução dos processadores.

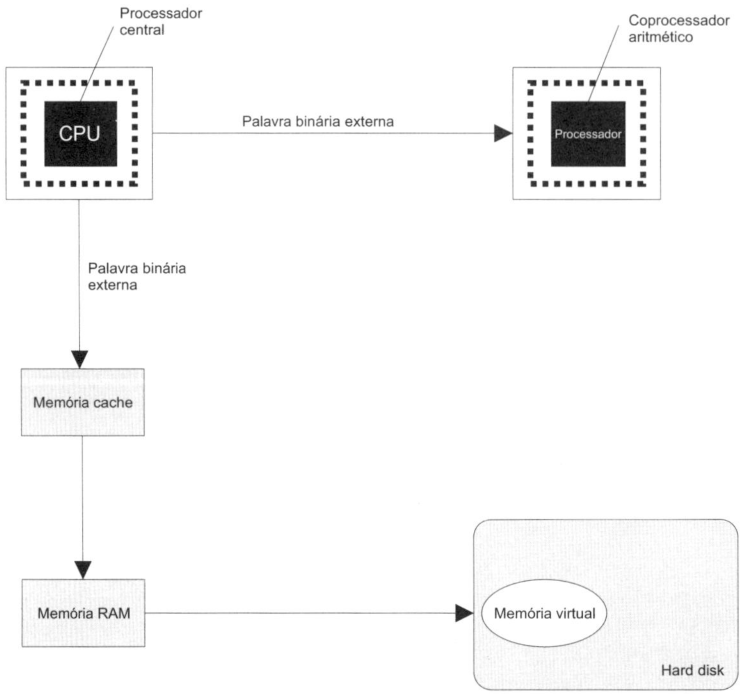

Figura 8. Esquema de funcionamento do processador.

Intel 486

Ao contrário dos processadores anteriores, o 80486, apesar do aumento significativo do número de transistores (1,2 milhão) e da frequência de operação (chegou a 100 MHz), não trouxe grandes inovações tecnológicas, a não ser a redução significativa do tamanho do transistor, que passou a ter arquitetura interna de 1 mícron. Como o 386, ele trabalha interna e externamente a 32 bits, e é capaz de acessar 4 GB de memória RAM, em modo protegido.

Encapsulamento da memória cache e do coprocessador

As diferenças em relação aos processadores anteriores vieram em conceitos. O primeiro deles foi encapsular a memória cache no processador. No encapsulamento, a memória cache está integrada dentro do processador, diminuindo consideravelmente o tempo de acesso a ela.

Dentro do processador foram colocados 8 KB de cache, porém sem retirar a cache da placa-mãe. Desse modo, resultaram duas memórias cache: a memória cache principal, que está encapsulada no processador e é chamada memória de primeiro nível, ou popularmente L1 (Level 1), e a memória cache da placa-mãe, com o nome de memória de segundo nível, ou L2 (Level 2).

O segundo conceito adotado no 486 foi encapsular também, no processador, o coprocessador aritmético, com a finalidade de diminuir o tempo de acesso e respostas às informações processadas pelo coprocessador.

Com esses conceitos, um processador 486 consegue ser duas vezes mais rápido que um 386 de mesma frequência.

Da mesma forma e pelos mesmos motivos, a Intel também criou o 486 SX, que na verdade é idêntico ao 486 original, só que sem o coprocessador encapsulado, que, se necessário, poderia ser adotado o 80487 SX. O processador 486 original passou a ser chamado de 486 DX.

Multiplicação de clock

Foram criados processadores 486 de 25 MHz, 33 MHz e 40 MHz, porém não era possível expandir mais, por não haver na época dispositivos de apoio capazes de operar acima de 40 MHz. Para solucionar o problema, a Intel criou um recurso chamado multiplicador de clock, que consiste em fazer com que o processador trabalhe internamente a uma velocidade superior à velocidade a que ele trabalha externamente com a placa-mãe.

O uso da multiplicação de clock permite atingir velocidades bem mais elevadas, pois fabricar processadores de maior frequência não seria tão complicado, devido às tecnologias dos transistores, quanto criar placas e circuitos de apoio.

Chamamos de barramento frontal, ou FSB (Front Side Bus), a frequência de comunicação do processador com a placa-mãe. O FSB tem a mesma função da frequência interna do processador, que é marcar um tempo (ciclo) para processar a palavra binária externa, ou seja, não adiantaria ter um FSB alto e uma palavra binária pequena, pois um processador de mesmo FSB que outro, porém com uma palavra binária externa maior, seria mais rápido.

A Intel lançou, então, o 486 DX2, que trabalhava com o dobro da frequência da placa-mãe; ou seja, a placa-mãe, projetada para trabalhar a 33 MHz, comunicava-se externamente com o processador a 33 MHz, mas internamente ele trabalhava a 66 MHz. Trata-se do famoso 486 DX2-66, mas havia também o 486 DX2-50, cuja placa-mãe trabalhava a 25 MHz.

Posteriormente, foi lançado também o 486 DX4, que trabalhava internamente com o triplo da frequência da placa-mãe. Desse modelo surgiram o DX4-100 e o DX4-75, que trabalhavam com placas de 33 MHz e 25 MHz, respectivamente.

É interessante observar que nos processadores 486 DX2 aparece escrito "486 DX2" e nos DX4 só aparece "Intel DX4". Isso ocorreu porque a AMD também passou a fabricar processadores 486, e a Intel entrou em uma briga jurídica por patente. A AMD saiu perdedora, uma vez que não se podem patentear números. Daí por diante, acabou-se a ideia da Intel de criar processadores 486 e quaisquer outros x86, e o DX4 virou uma patente. Assim, no DX4 aparece "Intel DX", significando que ele possui o coprocessador encapsulado, e "4", indicando que é um 486; já no 486 DX2, o "2" significa a multiplicação do clock, que é duas vezes o clock da placa-mãe.

Placas upgradables

Com toda essa confusão com processadores, clocks e placas-mãe, veio a ideia de placas upgradables, isto é, placas que suportam a troca direta de um processador por outro superior. Desse modo, seria possível trocar um 486 DX2-66 MHz por um DX4-100 MHz, simplesmente alterando as configurações da placa-mãe.

Cooler

Os processadores sempre aqueceram devido aos transistores. A partir dos 486 DX2-66 MHz, porém, esses aquecimentos passaram a ser maiores, podendo causar travamentos, de modo que foi necessário instalar coolers (pequenos ventiladores) nos processadores. Essa prática ainda hoje é obrigatória em todos os processadores.

486 DLC e 486 SLC

Na verdade, o 486 DLC e o 486 SLC, criados pela Cyrix, são respectivamente processadores 386 DX e SX, com a memória cache integrada como nos 486, só que instalados também em placas para 386.

Essa era uma excelente opção de upgrade de baixo custo.

Com os 486 aprendemos mais um importante fator para o desempenho do computador: o FSB. Quanto maior o FSB, mais instruções externas ele faz trafegar por ciclo.

Até essas versões serem criadas, havia apenas uma única linha de processadores para PCs, fabricados exclusivamente pela Intel. Os projetos da Intel eram licenciados para a AMD e a Cyrix, que pagavam *royalties* em troca. A partir desse momento, porém, cada uma dessas empresas passou a desenvolver seus próprios projetos, além de outras, que tentaram entrar nesse mercado que crescia e ainda cresce a cada dia.

Uma das empresas que tentaram foi a IDT, que, após dois projetos frustrados, aparentemente desistiu; a outra foi a Nex-Gen, posteriormente comprada pela AMD, que vem crescendo a cada ano.

Intel Pentium

O Pentium, fabricado com 3,1 milhões de transistores de 0,6 mícron, é um processador de palavra binária interna de 32 bits, porém com palavras binárias externas de 64 bits, o que o tornaria duas vezes mais rápido que um 486 de mesmo FSB. Mas o Pentium possui ainda um FSB de 66 MHz, ou seja, duas vezes mais rápido que o FSB do 486, que era de 33 MHz.

Tecnologia superescalar

Outra novidade desse processador é sua tecnologia superescalar. O Pentium funciona internamente com dois processadores de 32 bits distintos, o que o torna capaz de executar duas instruções por ciclo de clock, preservando também a compatibilidade com softwares escritos para processadores mais antigos.

O Pentium possui uma cache L1 de 16 KB, o dobro também da cache do 486, que era de 8 KB, além, é claro, do coprocessador aritmético encapsulado com ele.

Com exceção dos Pentium 50 e 75, cujo FSB era de 50 MHz, do Pentium 80, com FSB de 55 MHz, e dos Pentium 60, 90, 120, 150 e 180, com FSB de 60 MHz, todos os outros modelos – entre os quais os mais comuns são os Pentium 100, 133, 166 e 200 – possuem um FSB de 66 MHz.

Da mesma forma que os 486, as placas-mãe para Pentium suportam várias frequências de processadores, possibilitando o upgrade sem maiores custos.

Os processadores Pentium trouxeram um novo método de venda de processadores: os *in-a-box* (na caixa), isto é, o mesmo processador vendido na caixa, com manual, certificado de garantia e cooler integrado. O outro método de venda é o chamado OEM, vendido para integradores. Os processadores, nesse caso, vêm sem manual e sem cooler (que deve ser comprado separadamente). A vantagem do processador OEM é o menor custo.

A Intel também lançou seus modelos Overdrive, internamente idênticos ao Pentium, porém externamente operando como um 486. Isso permitiu sua instalação em placas 486, reduzindo bastante os custos de upgrade, mas, ao mesmo tempo, diminuindo também o desempenho, já que, nesse caso, o FSB é bem menor.

Com o Pentium, portanto, aprendemos mais um novo elemento: a tecnologia superescalar, que significa ter dois ou mais dispositivos idênticos e independentes no mesmo encapsulamento. O resultado dessa tecnologia é o aumento do desempenho do computador.

AMD 5x86

O 586 foi lançado pela AMD logo em seguida ao surgimento do Pentium, porém não existe nenhuma semelhança entre ambos. O 586 utilizava a mesma arquitetura do 486, inclusive a mesma placa-mãe, mas trabalhava a uma frequência um pouco maior que seu antecessor.

É interessante informar que, na época, muitos confundiam o Pentium com o 586 e acabavam comprando gato por lebre. E outros tantos não confundiam, mas, em um ato de má-fé, vendiam o 586 dizendo que era a mesma coisa que o Pentium.

Para se precaver contra esse tipo de golpe, típico de profissionais mal-intencionados ou de mau caráter, é importante conhecer a fundo as arquiteturas dos processadores e saber exatamente o que se está procurando.

AMD K5

A AMD, para não perder competitividade, lançou o K5, com tecnologia de 0,35 mícron, processador idêntico ao da Intel, perdendo apenas no desempenho do coprocessador aritmético, o que o tornava mais lento quando se tratava de aplicativos gráficos. Entretanto, sua grande vantagem sobre o processador da Intel era financeira: seu baixo preço, aliado à eficiência, tornava-o recomendável em um computador para ser utilizado com aplicativos básicos, como Windows e Office.

O processador da AMD só não pegou por causa de seu lançamento atrasado. Quando foram lançados os modelos de 100 MHz e 133 MHz, a Intel já havia lançado os de 166 MHz e 200 MHz.

Intel Pentium MMX

Logo no início de 1997, a Intel lançou o Pentium MMX, na verdade em quase todos os detalhes igual ao Pentium antigo, rebatizado de Pentium-S. As diferenças entre ambos estão na arquitetura: o MMX tinha 4,3 milhões de transistores de 0,35 mícron.

Novas instruções voltadas para multimídia e imagens

O Pentium MMX acrescentou 57 novas instruções (tarefas que ele está programado para fazer) ao conjunto x86, isto é, instruções básicas do processador, presentes em todos eles, desde o XT, e sem as quais nenhum programa atual funcionaria. Essas novas instruções são todas voltadas para os recursos de multimídia e para o processamento de imagens. Com elas, algumas rotinas podem ficar até quatro vezes mais rápidas, mas só funcionam se o software que estiver sendo executado tenha sido escrito para entender as instruções MMX, caso contrário, não há nenhuma diferença no desempenho.

O MMX melhora o desempenho de edição de imagens e sons, por permitir juntar várias palavras binárias de 8 ou 16 bits e transformá-las em uma única palavra maior a ser processada. O Pentium-S teria mais dificuldades de fazer isso, pois ele é capaz de processar apenas um valor de cada vez, independentemente do número de bits. Somar dois valores de 8 bits demora tanto quanto somar dois de 32 bits.

A Intel optou por tornar o MMX uma extensão do coprocessador aritmético, apesar de trabalhar apenas com números inteiros. Decorre que, de tempos em tempos, é necessário alternar entre MMX e FPU (coprocessador aritmético), e, como os programas gráficos recorrem demais ao coprocessador e também ao MMX, utilizar o coprocessador apenas para acessar recursos dos programas gráficos acaba representando um desperdício de tempo.

A cache primária (L1) também foi aumentada para 32 KB, o que dava ao Pentium MMX um ganho um pouco maior em todas as aplicações.

O Pentium MMX foi fabricado nas frequências 166 MHz, 200 MHz e 233 MHz, todos com FSB de 66 MHz.

Foram lançados também os Pentium MMX Overdrive, com FSB de 60 MHz, podendo até rodar em algumas placas de Pentium antigas.

Dupla voltagem

Um ponto importante é que algumas placas antigas não suportam Pentium MMX, devido à dupla voltagem desse processador, que opera em 2,8 V no core (componentes internos do processador) e 3,3 V na comunicação externa. Já o Pentium-S opera em 3,3 V, interna e externamente.

É até possível instalar o MMX em placas antigas, jumpeando para 3,3 V. Porém, há um risco muito grande nesse procedimento, pois o processador passará a operar com uma voltagem interna bem superior e, consequentemente, aquecerá demais, podendo até queimar. Sendo assim, o único problema é a voltagem, já que as instruções MMX são softwares, e, como tal, só são entendidas pelo sistema operacional e por outros softwares, e não pela placa-mãe.

A ideia de criar um processador de dupla voltagem foi apenas para diminuir o calor gerado pelo core.

AMD K6

O K6 foi lançado pela AMD para concorrer com o Pentium MMX, trazendo vantagens e desvantagens sobre ele.

Possui uma cache L1 de 64 KB, o dobro do concorrente, mas só é capaz de executar uma instrução MMX por ciclo, contra duas do concorrente, o que o torna inferior em aplicativos que usam essas instruções.

Mais uma vez, o coprocessador aritmético é mais lento que o do concorrente, tornando-o mais lento em aplicativos gráficos e 3D.

O aquecimento é outro problema do K6, que, com um cooler de má qualidade, pode travar ou até mesmo correr o risco de queimar.

Em ambientes de aplicativos comuns (Office, por exemplo), porém, ele é levemente superior ao concorrente, além de ter um custo inferior.

Os processadores K6 foram fabricados em duas séries. Inicialmente foram os da série 6, produzidos com transistores de 0,35 mícron e voltagem interna de 2,9 V ou 3,2 V e voltagem externa de 3,3 V. A partir dos processadores de 233 MHz, foram fabricados os da série 7, produzidos com tecnologias de 0,25 mícron e voltagem de 2,2 V. Mas nem todas as placas-mãe suportam voltagens de 2,2 V.

Cabe observar que os K6 de 233 MHz foram fabricados nas duas séries e, para diferenciá-las, basta observar a voltagem.

Até aqui, notamos que a tendência na evolução dos processadores é a diminuição do tamanho do transistor. Por quê? Porque, quanto menor o transistor, menos energia ele consome e, consequentemente, menos aquece.

O transistor aquece porque existe uma relação direta entre temperatura e corrente do coletor de transistor. Aumentando a corrente do coletor, aumenta a temperatura (efeito Joule). Da mesma forma, aumentando a temperatura de um transistor, sua corrente de coletor também é aumentada, constituindo assim uma reação em cadeia.

AMD K6-2

A AMD decidiu incorporar instruções multimídia a seu processador K6, criando o K6-2. Foram 27 instruções, chamadas 3D-Now!, cujo objetivo era agilizar o processamento de imagens tridimensionais (3D). Da mesma forma que o MMX, o 3D-Now! é um programa, e os softwares devem ser escritos para reconhecer as instruções.

O 3D-Now! foi escrito com códigos em ponto flutuante, a fim de melhorar o desempenho do coprocessador aritmético, que, como vimos durante toda a evolução dos AMD até aqui, é bem mais lento que o do concorrente. Por ser escrito dessa forma, alcançando assim maior desempenho, o 3D-Now! caiu na preferência dos programadores de jogos, em detrimento do MMX.

Outra novidade no K6-2 é o FSB de 100 MHz. Ele pode ser instalado em placas de 66 MHz, só que, nesse caso, funcionaria com o mesmo FSB da placa.

Mas o pulo do gato da AMD estava principalmente na instalação desse processador de 9,3 milhões de transistores, que utiliza soquete 7 (o mesmo do Pentium). Com isso, não seria necessário fazer upgrade de placa-mãe ou de memória para instalar esse processador, reduzindo muito o custo das novas aquisições, porém com ganho bem significativo em performance. Para se ter uma ideia dessa vantagem, um K6-2 de 300 MHz tem um ganho de performance por volta de 70%, comparado com o Pentium 233 MMX.

Todos os K6-2 foram fabricados com tecnologia de 0,25 mícron, garantindo menor aquecimento, e todos trabalham a 2,2 V, consumindo menos energia elétrica.

Cyrix 686MX

O 686MX, da Cyrix, é mais um concorrente do Pentium MMX, da Intel. Da mesma forma que o AMD K6-2, ele tem um cache de 64 KB, mas seu coprocessador aritmético é bem mais lento que o da AMD. Isso faz com que seu desempenho seja maior nas aplicações gráficas, embora, nas aplicações básicas, ele acabe sendo atraente, principalmente por seu baixíssimo custo.

O 686MX, da mesma forma que o K6, usa dupla voltagem, de 2,9 V para o core e de 3,3 V externo. Apesar da voltagem específica, pode-se instalar em uma placa-mãe comum de 2,8 V e 3,3 V sem maiores problemas.

Assim como os processadores AMD atuais, o 686MX utiliza o índice PR (Pentium Rating), ou seja, índice de equivalência ao Pentium. Por exemplo, um 686MX PR266 de 225 MHz, apesar de ter uma frequência inferior, equivale a um Pentium 266. Será?

Arquiteturas CISC e RISC

Processadores CISC (Complex Instruction Set Computing)

Cada processador tem um determinado número de conjunto de instruções, e quanto mais instruções, mais poderoso um processador pode ser. Até o momento, é assim que evoluíram os processadores.

Dentro de cada processador existem pequenos softwares, chamados microcódigos, que têm a função de detalhar como o processador deve executar determinado comando ou ação. Dessa forma, cada vez que um novo processador é lançado, ele vem com um microcódigo maior, ou seja, além das instruções que sua versão anterior era capaz de executar, ele consegue executar ao mesmo tempo outras instruções, o que o torna também fisicamente maior que seu antecessor.

Assim, quanto mais instruções o processador contém, maior será a tabela geral em que estão listados todos os tipos de instrução que ele é capaz de executar.

Ao enviar uma instrução ao processador, um decodificador de instruções verifica se ela é válida, ou seja, se está na tabela.

Por outro lado, quanto maior o conjunto de instruções, mais lento é o processador, pois o processo de procura pela existência e validade de determinada instrução e sua efetiva execução dentro do microcódigo levará mais tempo para ser concluído. Portanto, quanto mais avançado o processador, mais avançado é seu decodificador de instruções e, com isso, mais tempo será gasto na execução de uma instrução.

Mas até onde sabemos, quanto mais avançado é o processador, mais rápido ele é, e não o contrário. É que, para compensar essa demora real, passaram-se a utilizar novos recursos que aumentam o desempenho dos processadores.

Entre esses recursos, podemos citar o método pipeline, cujo funcionamento básico descrevemos a seguir.

Como cada passo da decodificação e execução da instrução é executado em módulos distintos, as unidades que não estiverem trabalhando ficarão ociosas. A solução foi manter todos os módulos trabalhando ao mesmo tempo, ou seja, enquanto o decodificador de instruções está ativo, a unidade de busca já está procurando na memória a próxima instrução, e assim por diante.

Todos os processadores que funcionam desse modo recebem a denominação CISC, isto é, são capazes de executar um conjunto complexo de instruções.

Processadores RISC (Reduced Instruction Set Computing)

A arquitetura RISC é constituída por um pequeno conjunto de instruções simples, que são executadas diretamente pelo hardware, sem a intervenção de um interpretador (microcódigo), ou seja, as instruções são executadas em apenas uma microinstrução.

As máquinas RISC só se tornaram viáveis por causa dos avanços de software que redundaram na criação de compiladores otimizados.

Existe um conjunto de características que permite uma definição de arquitetura básica RISC. São elas:

- datapath: é o coração do computador (ULA, registradores e os barramentos que fazem sua conexão). Uma das características mais evidentes das máquinas RISC é a utilização de apenas uma instrução por ciclo do datapath (uma instrução é similar a uma microinstrução);
- projeto carrega/armazena: as referências à memória são feitas por instruções especiais de load/store;
- inexistência de microcódigo: sendo assim, a complexidade está no compilador;
- instruções de formato fixo: permitem o uso consistente do formato e facilitam a decodificação de instruções por controle fixo, o que torna mais rápidos os dutos de controle;
- conjunto reduzido de instruções: facilita a organização da unidade de controle (UC), de modo que ela tenha uma interpretação simples e rápida;
- utilização de pipeline: como já foi visto, pipeline é uma técnica que consiste em dividir a execução de uma instrução em fases ou estágios, abrindo espaço para execução simultânea de múltiplas instruções; à medida que um estágio é concluído, a instrução vai para a frente, no canal, e a instrução seguinte vai para aquele estágio. Como as instruções RISC são do mesmo tamanho, elas levam um ciclo para completar cada estágio de pipeline. Por exemplo, se uma instrução pode ser dividida em quatro fases, quatro instruções podem ser executadas simultaneamente;
- utilização de múltiplos conjuntos de registradores.

A especificação de formatos e o número de instruções são os pontos mais centrais quando se fala de arquitetura RISC. Entretanto, uma generalização bem feita da teoria RISC vai muito além, indicando uma predisposição para estabelecer livremente compromissos de projeto por meio das fronteiras arquitetura/implementação e tempo de compilação/tempo de execução, de modo a maximizar o desempenho medido em algum contexto específico.

O principal objetivo de uma máquina RISC é executar uma instrução por ciclo. Como o acesso à memória utiliza mais ciclos, a solução foi criar um grande número de registradores (*overlapping register windows*). Esse número de registradores tem grande impacto na performance das máquinas RISC, que só são possíveis em virtude de sua simplicidade de projeto (inexistência de microcódigo).

Intel Pentium Pro

O Pentium Pro, da Intel, foi desenvolvido para ser robusto e poderoso, com a memória cache L2 integrada funcionando à mesma frequência do processador e a arquitetura otimizada para rodar aplicativos exclusivos de 32 bits, como o Windows NT. O resultado disso é que o Pentium Pro foi muito bem aceito como processador para servidores.

Com Windows 95, Windows 3.11 ou DOS, o Pentium Pro apresenta performance pouco superior ao Pentium MMX.

Por ter a memória cache L2 integrada e apresentar muitos problemas na fabricação, o Pentium Pro acabou ficando extremamente caro, o que na prática o condenava por completo.

O Pentium Pro é capaz de executar três operações por ciclo de clock, contra duas operações por ciclo do Pentium de mesmo clock, porém não é compatível com instruções MMX.

Outro recurso interessante é que o Pentium Pro é capaz de trabalhar na mesma placa-mãe com mais três processadores juntos.

Intel Pentium II

O Pentium II representou uma grande revolução nos processadores, não por sua tecnologia de 9,5 milhões de transistores de 0,25 mícron, mas pelo seu novo formato. Em vez de soquete, ele utiliza um slot, chamado slot 1.

O processador parece um cartucho de videogame, já vem com cooler e necessita de uma placa específica.

Como o slot 1 foi criado e patenteado pela Intel, nenhum outro fabricante poderia utilizar sua tecnologia. A ideia da empresa possivelmente era enfraquecer a concorrência, o que por vários motivos não aconteceu.

O Pentium II possui uma L1 de 32 KB e, como no Pentium Pro, uma L2 integrada de 512 KB, mas trabalhando à metade da frequência do processador. Isso significa que no caso de um processador de 266 MHz, por exemplo, a memória cache trabalha a 133 MHz, o que representa um excelente desempenho, já que no Pentium o FSB de 66 MHz fica na placa-mãe. O Pentium II também incorpora as instruções MMX, executando três instruções por ciclo, além de várias características do Pentium Pro.

Por tudo isso, o Pentium II tornou-se muito rápido, principalmente em aplicações 32 bits, sem perder, porém, o desempenho nos aplicativos antigos, como acontecia com o Pentium Pro.

Por ter um FSB maior, as memórias antigas (SIMM) não poderiam mais ser utilizadas, ou seja, para fazer um upgrade, além de precisar trocar a placa-mãe, era também necessário trocar os pentes de memória por memórias do tipo DIMM.

O Pentium II foi fabricado em duas versões. A primeira versão era formada pelos processadores de até 300 MHz, que utilizavam a arquitetura denominada Klamath, de 0,35 mícron e 66 MHz de FSB. A segunda versão constituía-se pelos processadores cuja arquitetura, chamada Deschutes, era de 0,25 mícron e FSB de 100 MHz.

Todos esses recursos, e também a capa plástica que envolve o processador, tornaram o Pentium II extremamente caro, sendo atraente apenas a quem realmente necessitava de tal desempenho. Os outros usuários acabaram por comprar o K6-2 da AMD, que, além do baixo custo, poderia ser instalado na própria placa-mãe do Pentium e, ainda, aproveitar as memórias. É claro que, comparado com o Pentium II, o desempenho do K6-2 é bem menor.

Intel Celeron (Covington)

O alto custo do Pentium levou a Intel a perder fatia considerável do mercado para seus concorrentes diretos, a Cyrix e a AMD. Foi então que a empresa criou um processador de baixo custo, o famoso Celeron.

O Celeron (do latim *celer*: célere, veloz) é exatamente um processador Pentium II "decepado" e "pelado", pois lhe retiraram as memórias cache e a capa que o cobria, ou seja, 32 KB de L1 e toda a L2.

Na verdade, como as placas-mãe para Pentium II não vinham com memória cache externa, já que estavam encapsuladas no processador, o Celeron não teria a L2 de forma alguma.

Como vimos até agora, a cache L2 é muito importante para o desempenho dos computadores atuais, principalmente pela existência de sistemas operacionais e softwares extremamente pesados e pelo fato de as memórias RAM quase não terem evoluído nas últimas décadas.

Portanto, a ausência da L2 faz com que o Celeron tenha um desempenho menor, até mesmo em relação aos processadores mais antigos, como o Pentium 233 MMX.

Sua única vantagem é o coprocessador aritmético, que, por ser o mesmo do Pentium II, é bem mais rápido que o dos processadores antigos.

Por seu baixo desempenho, o Celeron não foi muito bem aceito no mercado, obrigando a Intel a corrigir sua cria. Desse modo, o Celeron foi enriquecido com 128 KB de L2, sendo capaz de rodar à metade da frequência do processador, como no Pentium II. Essa nova versão é chamada Celeron-A (Mendocino).

Para distinguir o Celeron normal do Celeron-A, basta comparar o tamanho da capa de metal de ambos: a capa do Mendocino é bem maior.

Intel Pentium III

O Pentium III é a evolução do Pentium II, com um barramento superior que pode chegar a 133 MHz, algo próximo de 1 GB/s, e acessar até 4 GB de memória, com a L1 de 32 KB e a L2 de 512 KB.

Uma das novidades interessantes do Pentium III é o número de série gravado de forma digital em uma memória ROM chamada PIROM (Pentium Information ROM). Na verdade, todos os processadores têm número de série, porém estão impressos no chip. A Intel tomou tal medida por dois motivos: primeiro, para evitar a pirataria ou a falsificação dos processadores; segundo, para evitar o overclock (sobrecarga de frequência).

Instruções SSE

Uma importante novidade do Pentium III são as instruções SSE, que também são instruções multimídia, porém desenvolvidas para ponto flutuante, como o 3D-Now! da AMD.

A primeira versão do Pentium III veio no mesmo formato de seus antecessores, em forma de cartucho (SECC) encaixado no slot 1. Além disso, usava a mesma arquitetura do Pentium II, porém com muitas outras instruções, como a Internet Streaming SIMD constituída por setenta novas instruções trazendo melhorias significativas em imagens, 3D, streaming (fluxo) de áudio e vídeo e reconhecimento de voz. Essa versão integra também a microarquitetura de execução dinâmica P6, a arquitetura DIB (Dual Independent Bus), que, como o próprio nome sugere, controla o duplo barramento independente além, é claro, do MMX.

Intel Pentium III FCPGA

Em bem pouco tempo, o Pentium III ganhou um irmão menor, mas bem mais poderoso, o Coppermine, ou Pentium III FCPGA (Flip Chip Pin Grid Array). Essa versão, em vez de vir em cartucho como suas antecessoras, usa o soquete, porém com outra pinagem (soquete 370).

Mas não é só a pinagem que muda no Coppermine. Internamente, ele só tem 256 KB de cache L2, a metade dos irmãos mais velhos, Pentium II e Pentium III. Em compensação, essa memória é acessada à mesma frequência de operação do processador, o que não ocorre com os irmãos mais velhos, pois, no caso deles, a memória é acessada à metade da frequência do processador. Em um Pentium II 400 MHz, por exemplo, a memória cache é acessada a 200 MHz, enquanto em um Pentium III FCPGA, de mesma frequência, a memória cache é acessada a 400 MHz. Sendo assim, apesar de ter menos memória cache, ele acaba sendo bem mais rápido.

Outra grande vantagem do novo Pentium III é o custo, bastante reduzido em relação ao Pentium III antigo.

Intel Celeron FCPGA

Após o lançamento do Celeron e sua “correção”, veio mais um irmãozinho: a versão FCPGA.

Esse novo Celeron, baseado na tecnologia Coppermine e fabricado em arquitetura de 0,22 mícron, além de manter a memória cache de 128 KB, também possui velocidade de acesso igual à de frequência de operação do processador.

Isso torna o Celeron uma opção boa e barata na hora de adquirir um processador. Levando em consideração custo e benefício, já que se trata de um processador barato e de desempenho médio, é ideal para aplicações simples de escritórios.

Os processadores Celeron atuais já se baseiam no mesmo núcleo do Pentium 4, chegando em alguns modelos a ter uma velocidade de acesso (bus) de até 400 MHz.

AMD K6-3 Sharptooth

Encontrar um K6-3 em operação ou até em uma loja é extremamente difícil. Lançado em fevereiro de 1999, com tecnologia de 0,25 mícron, o K6-3 é essencialmente igual ao K6-2, porém com um acréscimo: a cache L2. É que no K6-2 a L2 para apoio dos processadores está impressa na placa-mãe. No K6-3, a tecnologia chamada TriLevel Cache (cache de três níveis) permite que o processador, por ser também soquete 7 como o K6-2 e usar as mesmas placas, acabe suportando a memória cache L3, porque, além das duas memórias contidas no processador, há também a da placa-mãe.

AMD Athlon

Conhecido também na sua primeira versão como K7, o Athlon é a sétima geração de processadores com 22 milhões de transistores de 0,25 mícron, instalados em um novo conector, chamado slot A. Contando com recursos como um grande barramento, coprocessador redesenhado e caches maiores, além de outras tecnologias incorporadas, o Athlon alcançou níveis de desempenho inéditos para processadores de arquiteturas x86, ultrapassando com tranquilidade processadores anteriores, como o Pentium III, o Celeron e o K6-3.

Barramento Alpha EV6

Uma das grandes novidades do Athlon é o barramento Alpha EV6. Desenvolvido pela Alpha Digital, é um sistema de barramento que fornece o dobro de largura de banda usando uma arquitetura ponto a ponto. A arquitetura ponto a ponto permite que cada processador acesse os dispositivos em paralelo, ou seja, cada um pode acessar qualquer dispositivo no momento em que precisar, sem ter de aguardar sua vez. O Athlon com largura de banda de 100 MHz, por exemplo, graças ao Alpha EV6, consegue um barramento inédito de 200 MHz.

Para explicar a vantagem do EV6, vamos observar todo o computador. Tudo o que nele utilizamos – memórias, slots PCI e AGP, os discos rígidos e tudo o mais, inclusive o processador – é conectado ao chipset da placa-mãe. Desse modo, todas as informações que trafegam entre as partes passam pelo chipset. Esse barramento de comunicação é a velocidade em que irão trafegar os dados entre as partes. No Pentium III, dependendo do modelo, essa velocidade é de 100 MHz ou 133 MHz; com o EV6 do Athlon, essa velocidade é de 200 MHz.

Na verdade, a placa-mãe do Athlon trabalha a 100 MHz, porém o EV6 permite que se façam duas transferências por ciclo, fazendo o barramento funcionar com o dobro da velocidade.

O EV6 traz duas grandes vantagens. Uma é a possibilidade de tirar proveito das memórias DDR cujos barramentos ultrapassam 200 MHz. Mas sua principal vantagem é para o multiprocessamento: imaginemos dois ou quatro processadores em uma única placa-mãe, todos conectados a um único chipset de 100 MHz ou 133 MHz. O tráfego, nesse caso, é muito intenso, implicando perda de performance. Com o EV6, o tráfego diminui bastante, resultando em ganhos de desempenho. Essa situação equivale ao trânsito de São Paulo ou do Rio de Janeiro: imagine uma grande quantidade de carros em uma avenida de duas pistas e mão dupla, na qual está tudo parado, com pessoas irritadas buzinando... De repente, como em um passe de mágica, as pistas se multiplicam; temos agora quatro pistas de cada lado. Será que assim o trânsito melhora? Nem precisaria perguntar. Com certeza nosso carro (que poderia ser uma informação no barramento) chegará mais cedo a seu destino.

Máquina de ponto flutuante

Outra novidade do Athlon é a máquina de ponto flutuante, um recurso superescalar em pipeline, destinado a auxiliar o coprocessador em cálculos em ponto flutuante. Com isso, a lentidão do coprocessador – principal problema dos processadores AMD até aqui – acabou virando coisa do passado.

3D-Now! Otimizada

A tecnologia 3D-Now! também ganhou atualizações. Ela agrega mais 24 novas instruções: 19 para otimizar os cálculos matemáticos com inteiros do MMX e aperfeiçoar a movimentação de dados para aplicativos de transmissão de dados pela internet e 5 extensões DSP para aplicativos soft modem, soft ADSL, Dolby Digital e MP3. Esse conjunto de novos recursos DSP contido no Athlon não é suportado pelo Pentium III da Intel.

A cache passou a ser a maior entre todos os processadores até então, com 128 KB só de L1. Além disso, o Athlon dispõe de um controlador de cache de 64 bits programável, de alta velocidade, que comporta caches L2 de 512 KB a 8 MB. O único problema dessas caches é a velocidade de operação, que é de um terço da frequência de operação do processador. Assim, em um Athlon de 900 MHz, a cache opera só a 300 MHz. Outros modelos de Athlon trabalham a dois quintos e à metade da velocidade de operação.

Macro-uOPs

O Athlon vem com muitas diferenças na arquitetura, uma delas é a forma como as instruções são decodificadas e processadas. Existem basicamente dois tipos de instrução que o processador pode executar, chamadas instruções simples: as aritméticas e as de leitura e gravação. Geralmente, após umas instruções aritméticas, o resultado é gravado em algum lugar, em um processo sempre sucessivo, isto é, as instruções (aritmética e de gravação) são decodificadas uma em seguida da outra.

No Athlon existem as macro-uOPs, instruções decodificadas em pares (uOPs são instruções já decodificadas, prontas para ser processadas), enquanto nos outros processadores as instruções são decodificadas uma de cada vez. O par de uOPs permite a execução simultânea, ou seja, ao mesmo tempo que se executa a instrução aritmética, grava-se ou faz-se a leitura de algo.

Para isso, o Athlon possui dois decodificadores de instruções. Tais componentes têm a tarefa de converter as funções x86 usadas pelos programas em várias instruções simples que podem ser executadas pelo processador.

O primeiro decodificador é chamado *hardware decoder*, ou decodificador de hardware, e tem como função converter todas as instruções simples. Já o segundo decodificador, chamado *software decoder*, ou decodificador de software, tem a função de converter todas as instruções complexas. Cada um deles consegue enviar três pares de instruções por ciclo de operação, ou três macro-uOPs, para as unidades de execução, nas quais as instruções são preparadas e organizadas para ser processadas.

No caso do Athlon, as unidades de execução processam três instruções por ciclo.

Existem dois modelos de Athlon, o K7 e o K75. Os processadores de 500 MHz a 700 MHz, fabricados sob a tecnologia de 0,25 mícron, são os K7. A partir do final de 1999, a AMD passou a fabricar processadores de maior frequência, até 1 GHz, com tecnologia de 0,18 mícron – esses são os K75.

AMD Athlon Thunderbird

Seguindo o ritmo da Intel, a AMD abandonou os processadores de slot e voltou a adotar os de soquete. No caso do Athlon Thunderbird, utilizou-se o soquete A, também conhecido como soquete 462.

Esse novo Athlon vem com 128 KB de cache L1 e 256 KB de cache L2 trabalhando à mesma frequência de operação do processador. Mesmo com a redução da quantidade de memória cache, esse processador é mais rápido que o modelo antigo.

O Athlon Thunderbird saiu em duas versões, B e C. No código do processador, pode-se observar essa informação. Os processadores de versão B possuem bus de 200 MHz e os de versão C, 266 MHz. Obviamente, os processadores de versão C são bem mais rápidos.

Considerado na época o processador mais rápido para PCs, vencendo facilmente os Pentium III e os Celeron da Intel, o Athlon também era a opção mais barata de computador, tornando-se cada vez mais popular.

AMD Duron Spitfire

Acreditando na ideia da Intel de que, ao criar um processador, além da alta performance, deve-se ter em vista o baixo custo, a AMD lançou o Duron, processador de custo ainda mais baixo e de ótimo desempenho, baseado no mesmo core do Athlon Thunderbird.

O Duron veio para concorrer diretamente com os Celeron da Intel. Entretanto, em vez de "castrar" os processadores, como a Intel costuma fazer em tais casos, a AMD desenvolveu novas tecnologias, tornando o Duron ainda mais atraente.

Memória cache exclusiva

O Duron utiliza a mesma arquitetura do Athlon Thunderbird, porém com menos cache: 128 KB de L1 e 64 KB de L2, totalizando 192 KB, um pouco mais do que a cache do Celeron, que tem no total 160 KB. Mas o caso do Duron não é exatamente uma amputação. A AMD tirou e modificou a cache, que passou a ser exclusiva, isto é, os dados contidos na L1 e na L2 são diferentes, tornando a soma real. Isso não acontece com os outros processadores, em que a memória cache é inclusiva, ou seja, o conteúdo da L1 está copiado na L2, causando, assim, um grande desperdício de espaço na memória e também uma perda de desempenho.

O Duron também utiliza o soquete A, como o Athlon Thunderbird, tornando possível a instalação na mesma placa-mãe.

Nesse core, o Duron foi lançado até os 950 MHz.

Intel Pentium 4

Para superar as inovações e ameaças da AMD, a Intel lançou o Pentium 4, um processador de altíssimo desempenho e grandes inovações tecnológicas, mas também um processador polêmico, que teve muitas variações em curto espaço de tempo.

Logo de início, o Pentium 4 veio com um core, chamado Willamette, cuja microarquitetura inovadora, denominada Netbust, comporta quatro tecnologias de ponta: Hyper-Pipelined Technology, Rapid Execution Trace Cache, Rapid Execution Engine e bus de 400 MHz.

Hyper-Pipelined Technology

A Hyper-Pipelined Technology talvez seja a tecnologia mais importante do Pentium 4. Como vimos, pipeline é um recurso que divide o processador em vários estágios, para que ele possa executar instruções simultaneamente, como em uma linha de produção, na qual cada operário monta uma peça, e no final da fila sai o produto pronto. Esse é um recurso já utilizado desde os 486, mas, para se ter uma ideia de sua evolução, o Pentium III possui dez estágios, o Athlon, onze, e o Pentium 4 possui vinte estágios, daí o nome hyper-pipelined.

A utilização do pipeline permite que o processador execute várias tarefas simultaneamente, já que em cada estágio resta uma fração da tarefa. Para esclarecer melhor, voltemos à analogia com a linha de produção. Imaginemos a montagem de um carro, na qual cada operário monta uma peça. Enquanto os operários do meio da fila estão montando o carro, o primeiro, que já fez a sua parte, começa a montagem do segundo carro, assim, vários carros estão sendo produzidos simultaneamente. O processador executa suas tarefas da mesma forma: antes de acabar uma, já começou outra. Sendo assim, quanto mais estágios, mais tarefas são executadas ao mesmo tempo.

O uso de mais estágios também permite que o processador opere em frequências bem mais altas, já que cada estágio executa menos processamento.

Execution Trace Cache

Outra inovação interessante é a Execution Trace Cache. No caso do Pentium 4, o uso da cache L1 é bem diferente do que vimos até agora. Nos outros processadores, a L1 é geralmente dividida em dois blocos, um para instruções e outro para dados. O Pentium 4 tem apenas 8 KB de L1 para dados e mais nada. Essa cache, contudo, tem o tempo de latência bem reduzido, ou seja, ela espera menos entre os ciclos do processador para troca de dados. No caso do Athlon, a cache tem latência de três ciclos, significando que ela troca dados com o processador a cada três ciclos, enquanto no Pentium 4 o tempo de latência é apenas de um ciclo.

Já a cache de instruções foi substituída pela Execution Trace Cache, que, em vez de armazenar instruções, armazena diretamente as uOPs. Vimos anteriormente que as uOPs são instruções já decodificadas, prontas para ser processadas. Isso garante que a cache tenha apenas um ciclo de latência, ou seja, o processador não perde tempo utilizando dados no trace cache. No caso dos outros processadores, eram perdidos pelo menos dois ciclos, que era o tempo para decodificar as instruções.

Barramento (FSB) de 400 MHz

O bus de 400 MHz também é um recurso que faz bastante diferença quando se trata do desempenho do Pentium 4. Esse sistema funciona de modo semelhante ao do EV6 do Athlon, só que opera a 100 MHz e faz quatro transferências por ciclo, o que na prática equivale a 400 MHz.

Rapid Execution Engine

Finalmente, temos a tecnologia Rapid Execution Engine, que é um reforço nas unidades de inteiros do processador. O Pentium 4 possui cinco unidades bem mais potentes de processamento de inteiros, duas ALUs (unidades lógicas aritméticas) que processam instruções mais simples, duas ALUs que se encarregam de ler e gravar dados, e uma terceira ALU que decodifica e processa instruções complexas. Apesar de as instruções complexas serem em quantidades bem menores, são elas que mais tomam tempo do processador.

Inicialmente, o Pentium 4 só funcionava com memória Rambus, capaz de trabalhar com um bus de 400 MHz, podendo atingir uma taxa de transferência de 3.200 MB/s. Para se ter uma ideia do que isso representa, a SDRAM com bus de 100 MHz alcança uma taxa de transferência de 800 MB/s e a de 133 MHz alcança 1.064 MB/s, e a DDR333 alcança, no máximo, 2.700 MB/s.

Além dessas novidades, houve mudanças também nas instruções SSE, sendo implantadas as SSE2, às quais são adicionadas 144 novas instruções de ponto flutuante.

A memória Rambus consegue aproveitar ao máximo o processador Pentium 4, porém seu custo é altíssimo, em comparação com as demais. Consequentemente, um computador baseado no novo processador da Intel tinha um custo muito alto, já que era necessário não só trocar a placa-mãe e o processador, mas também adquirir memórias Rambus.

O Pentium 4 foi lançado inicialmente em soquete 423. Logo em seguida, a Intel criou outro modelo de Pentium 4, o Northwood, para soquete 478, que, apesar de conter mais pinos, é bem menor que o anterior.

Os modelos de core Northwood já possuem 512 KB de cache L2.

Hyper-Threading

Os modelos de Pentium 4 de 3,06 GHz e superiores possuem uma tecnologia chamada Hyper-Threading, que simula para o sistema a existência de dois processadores, mesmo havendo um só.

Aplicativos multilineares executam, por meio do Hyper-Threading, tarefas paralelas no interior do processador. Esses aplicativos são capazes de executar tarefas simultaneamente, como o Word, que corrige erros enquanto continuamos a inserir textos, além de formatá-los.

Para executar várias tarefas simultaneamente, os computadores convencionais utilizam um esquema chamado *time slices*, ou fatias de tempo. O sistema operacional entrega o foco de uma tarefa e cede alguns milhares de ciclos, enquanto as demais tarefas aguardam. Em seguida, a tarefa é congelada, e o foco passa para a seguinte, que recebe sua fatia de tempo, e assim por diante. Desse modo, as tarefas são executadas em fatias, uma de cada vez, e após finalizar todas, o processo volta ao início e dá continuidade, congelando novamente e passando para a seguinte, até a execução da última tarefa.

Devido à altíssima velocidade de troca de tarefas, essa forma de trabalho pode dar a impressão de que tudo está sendo feito simultaneamente, quando na verdade as tarefas estão sendo executadas uma de cada vez.

A outra maneira de executar tarefas simultaneamente exige computadores multiprocessados, ou seja, que têm mais de um processador. Essa técnica é muito utilizada em servidores de rede, por causa da grande quantidade de acesso e solicitações simultâneas. Nesses casos, as tarefas são realmente executadas simultaneamente, já que, enquanto um processador faz uma parte, o outro processador executa a outra, tudo gerenciado pelo sistema operacional específico. Logo, não adiantaria instalar qualquer sistema operacional em computadores com mais de um processador; é necessário usar sistemas adequados. O Windows 98, por exemplo, só gerencia um processador, enquanto o Windows 2003 Server é capaz de gerenciar mais de um processador.

Os processadores Pentium utilizam arquitetura superescalar, com duas unidades de processamento paralelas no mesmo encapsulamento. Cada uma dessas unidades constitui uma pipeline, no caso do Pentium 4, com a tecnologia Hyper-Threading, e é identificada como um processador independente, cujo desempenho está bem próximo ao dos processadores multiprocessados.

Com a chegada dos Athlon 64, a Intel introduziu mais uma modificação no Pentium 4, instalando a tecnologia Hyper-Threading Extreme Edition (P4 HT EE).

AMD Athlon XP

Perdendo na concorrência entre o Athlon Thunderbird e o Pentium 4 e aproveitando-se do lançamento do Windows XP, a AMD lançou em outubro de 2001, sob a tecnologia de 0,18 mícron, seu novo processador, batizado de Athlon XP. Mas a sigla XP, nesse caso, não significa "experience" como no Windows, mas sim "extreme performance". É óbvio que a ideia da AMD, além de lançar um processador concorrente do Pentium 4, era pegar uma carona no megalançamento da Microsoft: o Windows XP.

Equipado com uma arquitetura chamada QuantiSpeed, o Athlon XP foi especialmente desenvolvido para aplicativos de "missão crítica" (mídia digital, imagens e animações 3D, entre outros).

O Athlon XP, cujo codinome é Palomino, conta com 128 KB de cache L1 e 256 KB de cache L2, como o Athlon Thunderbird. A novidade, porém, é ter agregado a ele as instruções SSE da Intel, que junto com a MMX e o 3D-Now! torna-se o que a AMD chama de 3D-Now! Professional. Esse processador é capaz de trabalhar a frequências bem maiores que o Thunderbird.

Outras novidades do Athlon XP são o consumo de energia, reduzido em até 20%, e um diodo preparado no die do processador, para a tomada de temperatura.

Hardware Prefetch

Mas o maior responsável pelo desempenho do Athlon XP é o Hardware Prefetch. Esse recurso faz uma busca antecipada de dados por hardware. Nos processadores anteriores da AMD e até nos atuais, por motivos de compatibilidade, existe uma instrução escrita em linguagem Assembler, chamada Prefetch, que carrega dados da memória para a cache do processador sem utilizá-los diretamente, apenas garantindo que eles estejam na memória caso sejam solicitados. É uma espécie de adivinhação: se alguma instrução solicitar a informação, os dados já estarão na cache, dando um resultado bem mais rápido.

Como o acesso à memória é muito mais lento que o acesso à cache, o uso correto dessa instrução garante um fluxo ininterrupto de processamento.

O problema é que nem todos os programadores de software optam por utilizar esse tipo de otimização (ou nem sabem que ela existe), além de os programas antigos não terem suporte para essas instruções. Foi então que a AMD implementou no processador esse método de busca por hardware, que, além de ser mais rápido, por não consumir processamento nem memória, está disponível para todos os softwares.

Da mesma forma que o Athlon Thunderbird, o XP é instalado em placas com soquete A (ou soquete 462). Mas, para instalar o Athlon XP na maioria das placas para Athlon Thunderbird, é necessário fazer um upgrade de BIOS.

PR (Performance Rate)

Outra particularidade do Athlon XP é sua referência de velocidade, chamada PR, que indica uma velocidade referencial, e não real. Em outras palavras, um Athlon XP 1500+, por exemplo, não é exatamente um processador de 1.500 MHz, mas sim de 1.330 MHz (ou 1,33 GHz), porém a AMD afirma que seu desempenho é equivalente ou superior (indicado por +) ao de um Pentium 4 de 1.500 MHz (ou 1,5 GHz).

A tabela 1 a seguir mostra a referência de velocidade (em relação ao Pentium 4) e a velocidade real do Athlon XP.

Tabela 1. PR (Performance Rate) do Athlon XP

Referência de velocidade	Velocidade real (GHz)
Athlon XP 1500+	1,33
Athlon XP 1600+	1,40
Athlon XP 1700+	1,47
Athlon XP 1800+	1,53
Athlon XP 1900+	1,60
Athlon XP 2000+	1,67
Athlon XP 2400+	2,00
Athlon XP 2800+	2,08
Athlon XP 3200+	2,20

Fonte: Serviço Nacional de Aprendizagem Comercial, *Manutenção de computadores* (2ª ed. São Paulo: Editora Senac São Paulo, 2002), apostila.

Athlon XP Thoroughbred

Para continuar a concorrência, a AMD deu mais um upgrade em seu Athlon XP, lançando o Thoroughbred (codinome dado aos Athlon XP acima de 1700+), que passou a usar a tecnologia de 0,13 mícron. O Thoroughbred também vem com bus de 333 MHz, aumentando ainda mais o desempenho; as versões acima de 3200+ possuem bus de 400 MHz e 512 KB de cache L2.

AMD Duron Morgan

O Duron Morgan é derivado do Athlon XP, utilizando o mesmo core do Palomino. Além de apresentar algumas melhorias em relação ao Athlon Thunderbird e ao Duron Spitfire, tem melhor eficiência nas memórias cache e dispõe de suporte para as instruções SSE da Intel, que a AMD chama de 3D Now! Professional.

Sistema dual

O que melhora nas memórias cache está especificamente na cache L2, que, no Duron Morgan, tem a possibilidade de trabalhar com sistema dual, ou seja, com dois processadores na mesma placa. Isso é possível, pois atualmente muitos dispositivos, como placas de vídeo, de som e discos rígidos, têm permissão para escrever dados diretamente na memória RAM. Quando um desses dispositivos escreve dados em uma área de memória endereçada por um dos processadores, o outro precisa parar o que está fazendo para carregar os endereços alterados em sua cache, a fim de que não utilize dados antigos, assim garantem-se a coerência e a confiabilidade do sistema.

Tal procedimento, porém, acaba causando grande perda de desempenho, pois os dois processadores precisam fazer muitos acessos à memória sem necessidade. Tanto o Duron Spitfire quanto o Athlon Thunderbird não foram projetados para trabalhar em sistema dual, por isso não trazem nenhum tipo de modificação ou otimização a esse processo. Já o Duron Morgan é capaz de minimizar bem esses problemas, com otimizações na cache L2 que tornam esse tipo de acesso bem mais rápido e coerente.

Os Duron Morgan foram fabricados a partir de 1 GHz (todos os Duron com velocidades inferiores a essa são Spitfire) e, por compatibilidade, utilizam o soquete A (ou soquete 462), da mesma forma que o Spitfire, o Athlon Thunderbird e o Athlon XP.

AMD Athlon 64

Mais uma vez, a AMD inovou e, pela primeira vez na história, temos um processador de 64 bits para computadores pessoais.

O mais interessante é que isso foi possível sem a perda de compatibilidade com os sistemas atuais, de 32 bits.

Lançado em 23 de setembro de 2003, o Athlon 64, de codinome ClawHammer (que antes do lançamento era simplesmente Hammer), é um processador de oitava geração que chegou cheio das inovações ao mercado, pronto para fazer os computadores pessoais praticamente voarem com seus sistemas.

Plataforma de 64 bits

Uma vez Bill Gates disse que 64 KB de memória RAM eram mais que suficientes, que jamais precisaríamos de algo superior a isso. Antigamente utilizávamos 640 KB em um XT, e era muito bom. Mas os processadores de 8 bits não foram mais suficientes, e depois vieram os de 16 bits, e em seguida os de 32 bits. E esses, como todos, também têm limite, e estamos chegando perto dele.

Uma forma de perceber que estamos chegando a esse limite é a necessidade constante de memória. A cada lançamento de um modelo, mais memórias são requeridas, e hoje é comum computadores pessoais com 8 GB de RAM, não sendo muito difícil encontrar computadores com quantidades maiores, isso sem falar em servidores.

Um processador de 32 bits é capaz de dar suporte a apenas 4 GB de RAM, portanto fica claro que está na hora de mudar de plataforma. Os processadores de 64 bits são capazes de controlar até 16 terabytes de memória RAM, o que nos daria bastante folga.

Migrar para uma plataforma de 64 bits não é tarefa tão simples. A arquitetura de 64 bits já existia em muitos servidores e videogames, porém o desafio de estabelecer essa plataforma para PCs está exatamente em mantê-la compatível com as arquiteturas anteriores.

Descartar as tecnologias anteriores pode levar à criação de uma tecnologia bem superior, mas isso também implicaria esquecer todo o passado. Nesse novo sistema, nenhum software anterior funcionaria, tudo teria de ser novo, é como se tivéssemos de reinventar a roda. Portanto, manter a compatibilidade é fundamental para que o produto sobreviva no mercado, já que ninguém pretende jogar fora o que já existe. Por outro lado, existe um problema de desempenho que se traduz na seguinte situação: viajar de Ferrari é bom, mas ter de dirigi-la a 60 km/h na estrada para esperar o cunhado de Fiat 147 pode não ser nada prazeroso.

Todo o problema, portanto, colocava-se na arquitetura x86 atual: se essas instruções fossem removidas, todos os aplicativos que utilizamos hoje simplesmente não funcionariam.

Foi então que a AMD criou um novo processador com a tão esperada arquitetura 64 bits e mantendo as instruções x86 internas.

Esta é a grande jogada da AMD: agregar ao núcleo do processador um controlador (hardware) x86, para que todo o processo em aplicações 32 bits seja feito por esse controlador. A Intel, ao desenvolver o Itanium, fez algo parecido, porém, em vez de um hardware, ela instalou no processador um emulador (software que finge ser algo; nesse caso ele finge ser um processador 32 bits). O problema do emulador da Intel é que, para executar as tarefas 32 bits, ele precisa ser processado pelo próprio processador, já que é um software; no caso da AMD, ele é um hardware e, por isso, capaz de fazer esse trabalho independentemente do processador, o que acaba resultando em melhor desempenho.

Controlador de memória RAM integrado

Outra importantíssima novidade que a AMD agregou a seus processadores Athlon 64 é o controlador de memória RAM integrado. Com essa nova tecnologia, o conceito de Front Side Bus, ou barramento frontal, fica obsoleto. Nos processadores normais, para ter acesso à memória RAM, os dados precisam antes passar pelo chipset, que contém o controlador da memória da placa-mãe, e depois acessar a memória. Na resposta, percorrem o mesmo caminho, em um processo que requer um tempo e uma velocidade de acesso, ou bus. Com a nova tecnologia da AMD, o controlador fica integrado diretamente no processador, não sendo mais necessário o acesso ao chipset da placa-mãe.

Essa medida acaba trazendo alguns ganhos, entre eles o mais óbvio é o desempenho. Mas a outra vantagem provavelmente será no preço das placas-mãe, que deverá cair, por não terem mais esse controlador. Além disso, o desempenho do processador não será mais prejudicado pela má qualidade de uma placa-mãe.

GART integrado

Na mesma linha, outra inovação do Athlon 64 é o GART integrado. As funções GART (Graphics Address Remapping Table, ou tabela de remapeamento de endereços gráficos) são funções de controle gráfico do barramento AGP que também eram realizadas pelo chipset, e que agora se encontram integradas no processador. Isso acaba resultando em mais um ganho de performance do Athlon 64, e os benefícios são bem parecidos com os do controlador de memória integrado. Com o GART e o controlador de memória integrados no processador, não resta muito trabalho à placa-mãe, o que a tornaria mais barata.

O soquete também muda e, obviamente, não poderá ser instalado nas placas dos Athlon XP, precisando de uma placa-mãe própria, com soquete 754.

HyperTransport

O Athlon 64 também agrega uma tecnologia de controle de bus, batizada de HyperTransport. Se a ponte norte (*north bridge*) ou o controlador de sistema dos chipsets foi quase morto, a ponte sul (*south bridge*) ou o controlador de periféricos teria de sofrer muitas mudanças.

HyperTransport é uma tecnologia de gerenciamento de bus com largura de banda de 6,4 GB/s, capaz de sustentar até 2 GB/s, só no AGP, e ainda deixar sobrar banda para a interface ATA e os barramentos PCI.

AMD Athlon 64 FX

O Athlon 64 FX é um Athlon 64 um pouquinho mais poderoso. A diferença entre ambos está apenas no controlador de memória integrado.

O Athlon 64 possui um controlador de memória com um barramento simples de 64 bits que suporta memórias DDR400/PC3200 (que trabalham a uma velocidade de 400 MHz). Já o Athlon 64 FX possui no controlador de memória um barramento de 128 bits capaz de trabalhar com as memórias em paralelo, ou seja, acessa os dois pentes de memória simultaneamente, o que deve aumentar bastante seu desempenho.

Esse modelo de processador também utiliza uma placa-mãe especial, com soquete 940, diferente do Athlon 64 normal.

As gigantes AMD e Intel já falam em processadores multicore há algum tempo, com múltiplos processadores em um mesmo chip.

Core 2 Quad e Core 2 Extreme

A Intel uniu duas pastilhas de Core 2 Duo no mesmo chip para criar o Core 2 Quad (com quatro núcleos). Apesar de parecerem iguais fisicamente, dentro do processador a estrutura é outra. O mesmo se aplica aos processadores Core 2 Extreme, que são parecidos, mas internamente não trabalham da mesma forma (X6800 com dois núcleos e QX6700 com quatro).

Athlon 64 X2

Utiliza o soquete AM2 (parecido com o 939). A diferença mais importante em relação ao Athlon 64 e os demais processadores que utilizam os soquetes 754 e 939 (descontinuados pelas AMD) é a utilização de memórias de 128 bits que duplicam a cache L2.

Processadores novos

Dual-Core: dois processadores em um só

Como aumentar a velocidade dos processadores pelo aumento da frequência não tem sido possível na proporção que os fabricantes desejariam, incluir um segundo processador no chip – tecnologia denominada Dual-Core (dois núcleos) – foi uma das alternativas desenvolvidas por empresas como a Intel e a AMD. Com o Dual-Core, é como se o processador tivesse, na verdade, dois motores a empurrar o PC.

Esse somatório de dois núcleos no mesmo chip pode proporcionar um ganho de aproximadamente 80% de velocidade de processamento.

Ter dois processadores no micro, além de proporcionar um aumento significativo da velocidade, traz também outros benefícios. Duas linhas paralelas para a execução de instruções favorecem a operação multitarefa no ambiente Windows. O sistema operacional administra a divisão das tarefas e dos inúmeros processos executados, que são gerenciados pelo próprio sistema operacional.

Um processador com a tecnologia Hyper-Threading usa uma fila extra para executar as instruções, simulando outro processador, ao passo que uma máquina com CPU Dual-Core se comportará como se tivesse quatro processadores (dois reais e outros dois em função do Hyper-Threading), resultando em um benefício extra, em seu desempenho, de 10% a 25%.

Multi-Core

Tanto a AMD quanto a Intel possuem processador com múltiplos núcleos (também conhecidos como multi-core) que executa múltiplas tarefas ao mesmo tempo, e o mais importante é que não gera mais calor no processador, pois cada núcleo trabalha de forma independente e em velocidade menor.

Alguns modelos de processadores existentes no mercado:

- Intel Core i5: opera com 2 ou 4 núcleos e tem suporte para as memórias DDR2 e DDR3, além da tecnologia H.T. e até 8 MB de memória cache;
- Intel Core i7: opera com 4 núcleos e tem suporte para as memórias DDR3, além da tecnologia H.T. e até 8 MB de memória cache;
- AMD Phenom II X4: opera com 4 núcleos e tem suporte para as memórias DDR2 e DDR3, com 6 MB de memória cache L3;
- AMD Athlon II X3 e X4: operam com 3 e 4 núcleos, respectivamente, com suporte às memórias DDR2 e DDR3, porém com quantidades menores de memória cache L2.

Conclusão

A essa altura, já é possível ter uma ideia do que são e de como funcionam os processadores. Esse assunto, porém, é muito dinâmico e não se deve deixar de acompanhar o que está acontecendo entre os fabricantes. Não importa em que área da informática atuamos, é preciso conhecê-los a fundo: se trabalhamos com redes de computadores, é fundamental saber qual é o melhor processador para o nosso servidor; se somos programadores, é importante conhecer a arquitetura dos processadores, que é, enfim, o cérebro do computador.

> Para manter-se atualizado sobre os processadores, consulte periodicamente os sites de fabricantes como a Intel (http://www.intel.com.br) e a AMD (http://www.amd.com.br). Outro bom site para consulta é o Clube do Hardware (http://www.clubedohardware.com.br), que possui, além de informações sobre processadores e equipamentos, testes de desempenho e comparativos.

Refrigeração de CPU

O desenvolvimento da CPU dos computadores envolveu um aumento significativo das suas frequências de operação. Em poucos anos, passamos de processadores que trabalhavam com frequências abaixo de 1 GHz para modelos acima de 3 GHz com múltiplos núcleos de processamento. Esse aumento de frequência com vários núcleos trabalhando em paralelo levou a um expressivo aumento na temperatura dos modernos processadores. Em consequência disso, tivemos um aumento na exigência da eficiência dos recursos de refrigeração da CPU.

Antigamente, a simples instalação de um dissipador de calor, que vinha colado sobre o processador, era suficiente para manter sua temperatura em valores aceitáveis. Esse dissipador trocava calor com a CPU e com o meio em volta dele, ou seja, o interior do gabinete. Dessa forma, ele conseguia manter um equilíbrio entre a temperatura interna do gabinete e a do processador.

Depois foi acrescentada uma ventoinha (fan) sobre o dissipador, para aumentar a eficiência da troca térmica entre ele e o meio em sua volta. Esse dispositivo recebeu o nome de fan cooler ou simplesmente cooler (figura 9).

Figura 9. Fan cooler.

Daí em diante a evolução desse mecanismo incluiu as seguintes modificações:

- uso de ventoinhas cada vez mais rápidas com velocidade medida em rpm (rotações por minuto) e possibilidade de controle das rotações associadas à temperatura medida da CPU, ou seja, quanto maior a temperatura, maior a rotação da ventoinha;
- construção dos dissipadores com materiais mais eficientes na troca térmica, tais como cobre e alumínio;
- aumento do tamanho e novos desenhos dos dissipadores, privilegiando maior superfície de contato para potencializar a troca térmica.

Atenção! Não ligue o computador se o cooler não estiver instalado. Isso pode ocasionar dano irreversível ao processador.

Um recurso utilizado para melhorar a troca térmica entre o processador e a base do dissipador é o uso de pasta térmica. Na instalação do cooler sobre o processador sempre ficará uma camada de ar entre eles. Essa camada dificultará a troca de calor necessária para o bom funcionamento da refrigeração. Além disso, imperfeições microscópicas na base do dissipador potencializarão o efeito desses bolsões de ar. Para atenuar esses dois problemas, aplicamos uma fina camada de pasta térmica na face do dissipador que entra em contato com o processador.

Basicamente, essas pastas são formuladas com uma base de silicone aditivada com algum componente que seja bom condutor térmico. Nas pastas mais comuns e baratas, o componente usado é o óxido de zinco, contudo temos pastas mais eficientes que usam metais como prata ou cobre em sua composição. Consequentemente, são pastas mais caras.

Para passarmos a pasta, aplicamos uma pequena quantidade dela sobre o processador, na face que ficará em contato com o dissipador. Não precisa exagerar na quantidade de pasta, uma gota é suficiente. Após encaixar o cooler, a pressão exercida formará uma fina camada, que é suficiente para alcançar bons resultados na refrigeração da CPU. Não devemos colocar muito produto, porque a base do dissipador é melhor condutor térmico que a pasta. O objetivo dela é evitar a formação de bolsões de ar. Ao exagerar, podemos ter um resultado oposto, ou seja, dificultar a troca térmica entre o cooler e o processador.

Após a aplicação da pasta, podemos fixar o cooler na placa-mãe. Ele é encaixado sobre um suporte plástico que é fixado na placa usando parafusos. Esse sistema garante um bom encaixe, assegurando que o dissipador faça a pressão necessária sobre o processador, e, caso o suporte quebre durante a instalação, ele pode ser facilmente substituído.

Alguns modelos de fan cooler já vêm com pontos de pasta térmica pré-aplicados em sua face de contato (figura 10). Nesse caso, a pressão exercida na instalação é suficiente para sua correta aplicação.

Figura 10. Pontos de pasta térmica.

Para finalizar a instalação do cooler, devemos conectar o cabo que fornece energia para o funcionamento da ventoinha. Devemos ligá-lo a um conector presente na placa-mãe chamado de fan conector ou CPU FAN (figura 11). Esse cabo tem quatro fios: dois deles (o vermelho e o preto) servem para a alimentação de eletricidade da ventoinha; os outros dois servem para o monitoramento e o controle da velocidade de rotação dela em rpm.

Figura 11. Conector do fan cooler.

Para permitir um acompanhamento da temperatura da CPU, as placas-mãe possuem circuitos sensores. Na maioria delas, temos dois circuitos: um para medir a temperatura da CPU e outro para a do interior do gabinete. Para ver os resultados dessa medição, acessamos a opção *Hardware monitor* presente no Setup, ou utilizamos algum programa de monitoramento que fique lendo e exibindo continuamente a temperatura.

6
Memórias

OBJETIVOS

- Aprender as características das memórias RAM e ROM
- Conhecer as funções do BIOS

Memória RAM

Quando digitamos um texto no computador, onde será que ele fica armazenado antes de ser gravado em um disco? Em um tipo de memória chamada de RAM (*random access memory*, ou memória de acesso randômico). A memória RAM é um conjunto de chips que armazenam os dados gravados nela enquanto está sendo alimentada por eletricidade. Por isso dizemos que a memória RAM é volátil. Caso falte energia, os dados presentes na RAM estarão perdidos. É justamente por isso que estamos sempre salvando nossos dados em discos. Dessa forma, garantimos que poderemos recuperá-los após desligar o computador. A vantagem da RAM sobre os discos é sua alta velocidade de gravação e leitura de dados.

Em computadores antigos, os chips de memória eram soldados ou soqueteados na placa--mãe. A quantidade máxima de memória era muito limitada, e expandi-la ou trocá-la nem sempre era um processo simples. Para tornar mais flexível e amigável o trabalho de expansão e troca de memória das placas, surgiram os módulos de memória, também chamados de pentes de memória. Cada módulo tem um número de chips de acordo com a sua capacidade total. Os módulos são encaixados na placa-mãe por meio de slots específicos que tornam o trabalho de acrescentar, diminuir ou trocar memória muito mais simples.

As memórias RAM podem ser classificadas de acordo com o formato do módulo, a tecnologia do chip, o tempo de acesso e a frequência de trabalho. Vamos explicar cada uma dessas classificações.

Classificações das memórias RAM

Quanto ao formato, as memórias podem ser SIPP (*single in-line pin package*), SIMM (*single in-line memory module*), DIMM-SDR (*dual in-line memory mode – single data rate*), DIMM-DDR (*dual in-line memory mode – double data rate*) e RIMM (*Rambus in-line memory module*). O formato SIPP foi o primeiro a trazer o conceito de módulo de memória. Foi rapidamente substituído pelo SIMM, porque seus contatos com o slot, que pareciam cerdas de um pente – daí a denominação usada para os módulos –, quebravam com facilidade. As memórias RIMM foram pouco usadas em computadores pessoais e logo foram descontinuadas. Depois do DIMM-SDR, temos o formato DIMM-DDR, que possui 184 vias em vez de 168. O tamanho da memória DDR é o mesmo da SDR, mas a diferença no número de contatos e a presença de somente um chanfro (fenda) no pente requerem que elas sejam instaladas cada uma em um slot específico. Na figura a seguir, temos um slot DIMM-DDR ao lado de um slot DIMM-SDR. Observe que o slot DDR só tem uma unha, que corresponde à fenda existente no pente.

Figura 1. Slots de memória.

Os formatos SIPP, SIMM, RIMM e DIMM-SDR não são mais usados nos computadores modernos. Atualmente, usamos somente o formato DIMM-DDR. As denominações de memória SDR e DDR indicam taxa de dados simples e taxa de dados dobrada, respectivamente. As memórias DDR, na verdade, não trabalham na frequência especificada. Enquanto as SDR tratam um dado a cada pulso de clock, as DDR tratam dois. Dessa forma, uma memória de 100 MHz trabalhando nesse esquema tem a performance de uma de 200 MHz. A memória DDR continuou evoluindo e, em seguida, tivemos os lançamentos das memórias DDR2 e DDR3. As principais inovações delas são o menor consumo de energia e a maior rapidez na transferência de dados. Na tabela 1, temos um comparativo dos três tipos de memória.

Tabela 1 – Tipos de memória

Memória	Terminais	Voltagem	Frequência
DDR	184 pinos	2,5 V	Até 400 MHz
DDR2	240 pinos	1,8 V	Até 1.250 MHz
DDR3	240 pinos	1,5 V	Até 1.600 MHz

Apesar de seus módulos de memória terem as mesmas dimensões, os três tipos são incompatíveis elétrica e fisicamente. Na figura 2, vemos um pente de memória DDR e um DDR2. Perceba que a fenda dos pentes não coincide. Isso é proposital para evitar que um módulo DDR seja inserido em um slot para DDR2, e vice-versa.

Figura 2. DDR e DDR2.

Uma maneira rápida de diferenciar um pente DDR de um DDR2 é observar o formato dos chips soldados no módulo. Nos módulos DDR (figura 3), o chip tem o formato TSOP (Thin Small Outline Package). Já o DDR2 (figura 4) usa o formato FBGA (Fine Pitch Ball Grid Array).

Figura 3. DDR.

Figura 4. DDR2.

Da mesma forma, a memória DDR3 possui chanfro e unha em posição diferenciada no módulo (figura 5) e no slot (figura 6). Assim, um pente DDR2 não pode ser encaixado em um slot DDR3, e vice-versa.

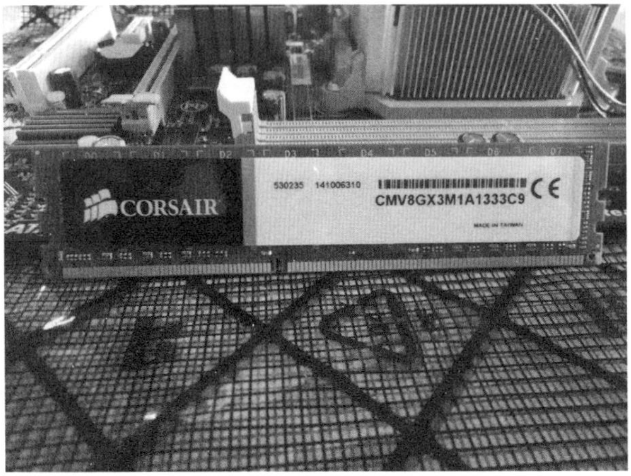

Figura 5. Módulo de memória DDR3.

Figura 6. Slot de memória DDR3.

Atualmente, as memórias DDR e DDR2 estão obsoletas para uso em computadores novos. Em computadores usados, elas ainda podem ser encontradas, mas o tipo dominante no mercado são as DDR3 em suas diversas taxas de transmissão. Porém, um novo formato já está definido e começará a ser usado nos futuros computadores. O formato DDR4 tem as mesmas dimensões da DDR3, mas apresenta 284 pinos de contato e trabalha com tensão de alimentação de 1,2 V. Não existe compatibilidade elétrica nem física entre os dois padrões, ou seja, no slot DDR4 só podem ser encaixados módulos DDR4.

Uma característica comum a todas as memórias DDR é que todas são do tipo SDRAM (*synchronous dynamic random access memory*). Uma SDRAM é uma memória que sincroniza suas operações pelo sinal de clock da placa-mãe. Ou seja, a cada pulso de clock a memória consegue realizar um certo número de operações de acordo com sua frequência de trabalho.

Memória ROM

A memória ROM (*read-only memory*, ou memória somente de leitura) é usada nos computadores modernos para armazenar programas e dados do fabricante da placa-mãe, necessários para configuração e diagnóstico dos dispositivos instalados no computador. Diferentemente das memórias RAM, as memórias ROM mantêm seus dados após o computador ser desligado.

Desde as primeiras placas, essas memórias passaram por diversas mudanças. Na tabela 2, são apresentados em ordem cronológica crescente os tipos de ROM já usadas.

Tabela 2 – Tipos de ROM

Tipo de ROM	Características
PROM (*programmable read-only memory*)	Programável uma única vez após a gravação do fabricante. Ou seja, usando dispositivos especiais de gravação, permitem uma única reprogramação do seu conteúdo original de fábrica
EPROM (*erasable programmable read-only memory*)	Programável, podendo ter seu conteúdo apagado pelo uso de radiação ultravioleta gerada por dispositivo apropriado
EEPROM (*electrically erasable programmable read-only memory*)	Programável e apagável eletricamente com uso de dispositivo programador apropriado

Todas essas tecnologias foram usadas nas placas-mãe dos computadores para armazenar o Sistema Básico de Entrada e Saída, ou simplesmente BIOS (Basic Input/Output System). Nas placas modernas, o BIOS utiliza um novo tipo de ROM chamado Flash ROM.

Basicamente, a Flash ROM é uma evolução da EEPROM. Ela permite operações de leitura e gravação de forma semelhante às memórias RAM, porém mantendo os dados após o computador ser desligado. Outra diferença em relação às RAMs é que ela é bem mais lenta.

Na figura 7, mostramos uma Flash ROM usada para armazenar o BIOS de uma placa.

Figura 7. Flash ROM.

BIOS (Setup e CMOS-RAM)

Dentre as funções do BIOS, uma que mais usamos é o programa de Setup, que configura os dispositivos instalados no computador. Características do disco rígido, sequência de boot, desabilitar ou habilitar sistemas onboard, entre muitas outras, são opções de configuração dele.

Para acessá-lo, pressione a tecla *Delete* quando, ao ligar o computador, aparecer a mensagem *Press Del to run Setup*. Em alguns computadores, a tecla a ser pressionada pode mudar: *F10* ou *Ctrl + Esc* também podem ser usadas. Na dúvida, consulte o manual do computador ou da placa-mãe. Se o computador não mostrar a mensagem, é porque ela está desabilitada no próprio Setup. Caso isso aconteça, você terá que pressionar a tecla continuamente ao ligar o computador para poder ter acesso ao programa. Na figura 8, temos um exemplo da tela principal de um programa de Setup.

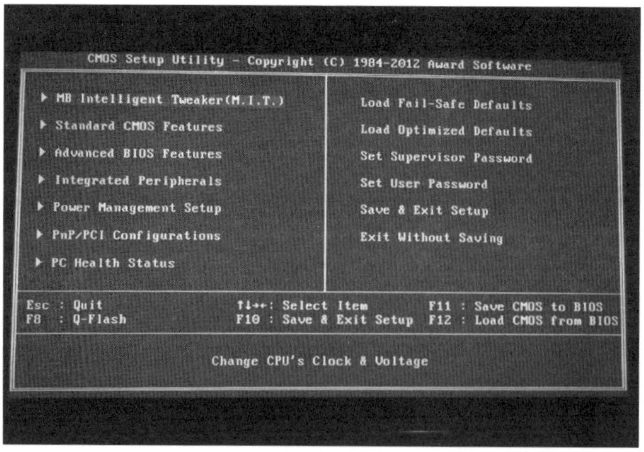

Figura 8. Tela principal do Setup.

Como podemos perceber, na própria tela do Setup existe a indicação de quais teclas podemos usar. Pressionamos *Esc* para sair do programa, as setas do cursor para se movimentar entre as opções e *F10* para salvar as modificações e sair do programa. Programas de Setup de outras placas-mãe podem apresentar opções um pouco diferentes ou acessíveis de outra forma, mas essas opções representam bem o que podemos encontrar em um programa de Setup.

À medida que avançarmos no nosso estudo de montagem e manutenção de computadores, exploraremos algumas funções do Setup. Por enquanto, vejamos um resumo de algumas opções que a tela principal nos fornece.

- *Standard CMOS Features*: com essa opção, temos acesso a mudar a data e a hora do computador, indicar os parâmetros de configuração dos discos rígido instalados, etc.

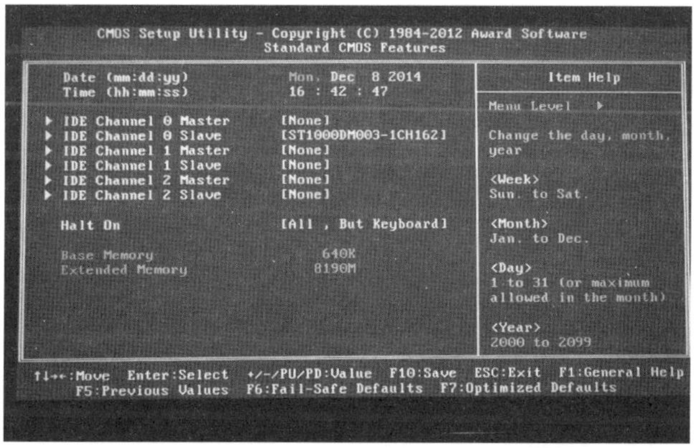

Figura 9. Standard CMOS Features.

- *Advanced BIOS Features*: sequência de boot, opções para tornar a inicialização mais rápida, etc.

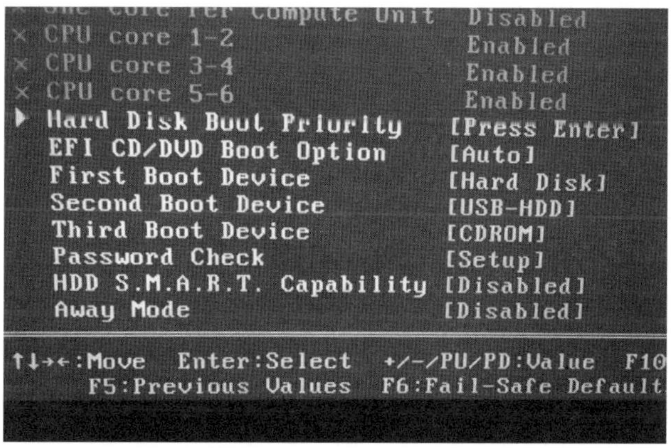

Figura 10. Advanced BIOS Features.

- *PC Health Status*: opções de gerenciamento e monitoramento da temperatura da CPU, temperatura interna do gabinete e velocidade das ventoinhas.

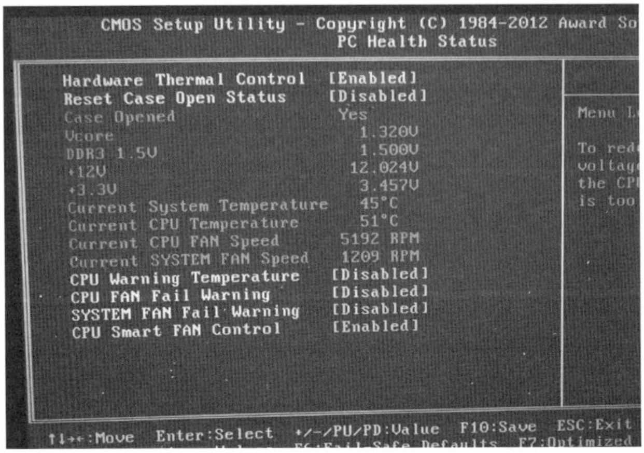

Figura 11. PC Health Status.

- *Integrated Peripherals:* habilitar ou desabilitar os sistemas onboard da placa-mãe.

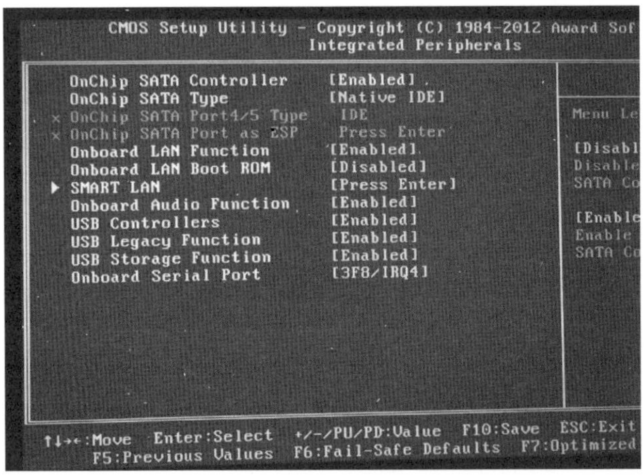

Figura 12. Integrated Peripherals.

- *Set Supervisor Password*: permite mudar a senha que é exigida para entrar no Setup e opcionalmente pode ser exigida também para acesso ao computador.
- *Save & Exit Setup*: salva as configurações modificadas em uma sessão de trabalho no Setup e sai do programa. Aparecerá uma tela pedindo confirmação de saída. Digite *Y* (*yes*) para sair e *N* (*no*) para retornar à tela do programa.
- *Exit Without Saving*: sai do Setup sem salvar as modificações feitas. Também pede confirmação.

Todos os valores registrados para os parâmetros de configuração presentes no Setup ficam gravados em uma memória chamada de CMOS-RAM (*complementary metal-oxide semiconductor – random access memory*). Para manter esses valores gravados, mesmo quando o computador está desligado, é usada uma bateria. Ela é de lítio e tem tensão de 3 V. Para não se confundir e comprar uma bateria de tamanho errado, já que existem vários modelos de bateria de Lithium de 3 V, a referência dela é 2032. Na figura 13, temos uma foto dela encaixada em seu suporte na placa-mãe.

Figura 13. Bateria da CMOS e jumper Clear CMOS.

Toda placa-mãe nova já vem com a bateria instalada. Para evitar que a pilha descarregue, enquanto a placa está estocada aguardando ser comercializada, existe um jumper, posicionado geralmente próximo à bateria, chamado de Clear CMOS. Geralmente, ele é um jumper de três pinos e pode indicar dois estados: normal e clear. A placa nova vem com ele na posição clear. Se ela for instalada assim não funcionará. Troque o jumper para a posição normal antes de instalar a placa. A figura 14 ilustra a posição normal, enquanto a figura 15 ilustra a posição clear.

Figura 14. Jumper Clear CMOS.

Figura 15. Jumper Clear CMOS.

Em alguns casos, podemos voltar o jumper para a posição clear. Imagine que você definiu uma senha no Setup e ele a está exigindo para poder ter acesso ao computador. Colocar o jumper na posição clear irá fazer com que todos os parâmetros gravados via Setup sejam apagados, inclusive a senha. O mesmo vale se a senha estiver sendo exigida para acessar o Setup.

Se não conseguir identificar o jumper Clear CMOS, um outro procedimento seria retirar a bateria e aguardar uns minutos para que a CMOS-RAM perca seu conteúdo por falta de alimentação.

> Atenção! Ao retirar a bateria, evite forçar o contato dela. Retire-a verticalmente, inclinando-a de leve para cima. O contato ao ser forçado pode afrouxar, impedindo que a bateria alimente a CMOS-RAM.

7

Unidade de processamento gráfico (GPU)

OBJETIVOS

- Aprender o que é uma GPU e como instalá-la

O que é GPU?

A GPU (*graphics processing unit*, ou unidade de processamento gráfico) é uma nomenclatura associada a processadores dedicados ao tratamento de imagens em duas ou três dimensões (2D ou 3D). Essas unidades são o circuito integrado principal dos modernos sistemas de vídeo, sejam eles placas de vídeo independentes (offboard) ou integradas à placa-mãe (onboard). Sua função primordial é liberar a CPU do processamento gráfico, notadamente os cálculos realizados para renderização, texturização, transformação e iluminação de gráficos 2D e 3D.

Certas aplicações computacionais somente funcionam se o computador possuir uma GPU, com performance e recursos agregados adequados. Muitas aplicações nem iniciam se não for detectado um sistema de vídeo com GPU de determinada performance. É o caso de certos jogos e programas de desenho para arquitetura e engenharia. Isso acontece pela extrema necessidade de cálculos em tempo real nesses programas. A unidade de processamento aritmético da CPU não consegue atender a tempo as requisições feitas, e isso termina ocasionando travamentos e funcionamento instável. É comum usuários reclamarem de lag ou queda de frames por segundo (fps) quando o seu sistema de vídeo é inadequado para as exigências de processamento gráfico. Visualmente, o lag é a lentidão do sistema em exibir os quadros (frames) de uma animação ou um vídeo, causada pela demora do processamento gráfico.

As GPUs de alta performance geralmente são usadas em placas de vídeo dedicadas (figura 1). Essas placas apresentam como recursos, além de uma GPU com clock entre 600 MHz e valores superiores a 1 GHz, memória RAM dedicada entre 1 GB e valores superiores a 4 GB e canal de comunicação entre a memória e a GPU de 64 a 512 bits. Quanto maior a frequência do clock da GPU, mais processamentos ela consegue executar no mesmo espaço de tempo. E mais memória dedicada evita que a memória RAM de uso geral, presente na placa-mãe, seja requisitada para armazenamento de dados de imagens, assim como um canal mais largo possibilita maior fluxo de bits entre a GPU e a memória. Ou seja, quanto mais desses recursos a placa possuir, mais rápido será o processamento gráfico. Dessa forma, imagens de alta resolução e alta complexidade conseguem ser tratadas e exibidas sem que o usuário perceba lentidão ou perda de qualidade.

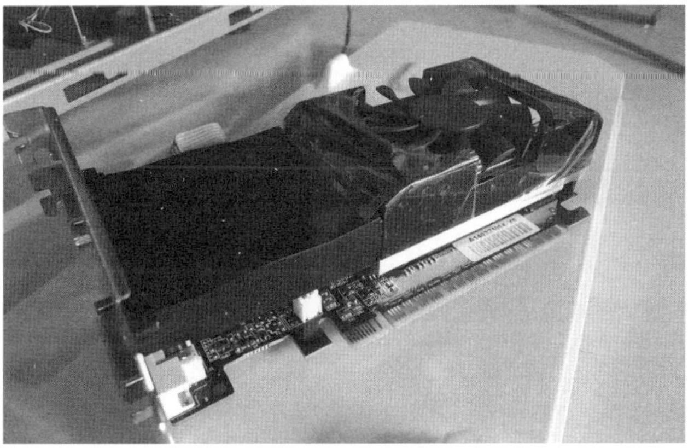

Figura 1. Placa de vídeo dedicada.

Por isso não podemos esperar a mesma performance de uma placa de vídeo com GPU de 650 MHz, 1 GB de memória RAM e canal de 64 bits quando comparada a uma com GPU de 1.216 MHz, 4 GB de memória RAM e canal de 256 bits. Logicamente, a segunda custa 15 vezes mais que a primeira, considerando valores atuais.

Instalação de placa de vídeo com GPU de alto desempenho

Devemos tomar algumas precauções na instalação física de uma placa que possua uma GPU de alto desempenho. Essas placas têm uma exigência de fornecimento de energia elétrica muito superior a sistemas de vídeo comuns. Por isso, as fontes de alimentação têm que ser dimensionadas de acordo com as exigências do modelo que vai ser instalado. É normal encontrarmos placas que podem exigir 150 W de potência ou mais. Dessa forma, a fonte instalada no computador tem que conseguir alcançar exigência de potência superior, pois ela ainda tem que alimentar os outros dispositivos do computador. Por isso, nossa escolha recairá sobre fontes com potência máxima entre 450 W e 600 W, dependendo do modelo de placa escolhida e dos outros dispositivos que serão alimentados.

Infelizmente, muitas fontes encontradas no mercado não informam a potência real que elas podem suportar. É comum encontrarmos fontes marcadas como sendo de 500 W mas que não suportam meros 200 W. Por isso, o mercado criou o termo "fonte com potência real" para facilitar a distinção. Então, ao adquirir uma fonte, certifique-se de que a potência marcada na sua etiqueta é realmente a potência que ela consegue fornecer. Isso pode ser feito consultando sites de avaliação de fontes ou por meio de depoimento de técnicos em informática. Caso a fonte seja mal dimensionada, o usuário experimentará desligamentos e reinicializações inesperadas do computador, justamente quando a placa GPU for mais exigida.

Com tanta potência exigida, logo pensamos que a dissipação do calor gerado passa a ser uma preocupação em computadores com placas GPU instaladas. As próprias placas possuem um cooler para o chip GPU, mas isso não é suficiente em muitas situações, por isso o acréscimo de ventoinhas no gabinete para forçar a circulação do ar dentro dele é bastante recomendado. O uso de programas de monitoramento para acompanhar a temperatura da GPU possibilita verificar se as medidas de refrigeração usadas são suficientes para um funcionamento térmico seguro. Usamos o programa gratuito SpeedFan para checar as temperaturas. Nas figuras 2 e 3, vemos as medidas de temperatura da GPU antes e depois de uma sessão de um popular jogo que exige bastante processamento gráfico. Antes, a temperatura estava em 48 °C e, logo após, estava em 54 °C. Esse valor ainda está bem distante do máximo suportado pela placa usada, que é de 95 °C, segundo o fabricante. Porém, é prudente tomar medidas para evitar que a GPU funcione próximo do seu limite térmico durante muito tempo.

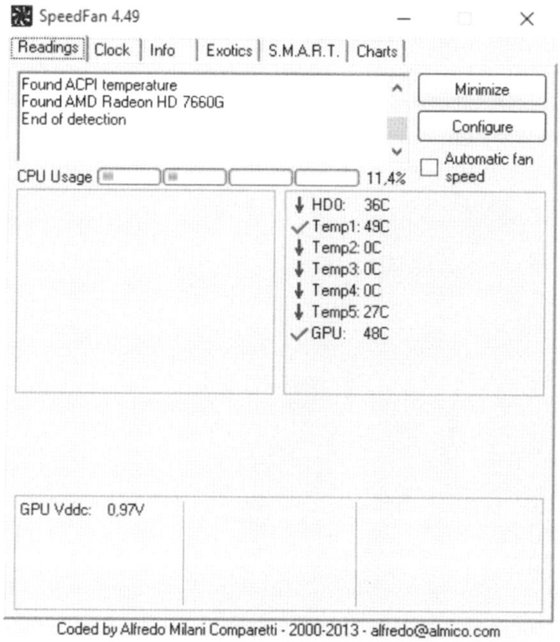

Figura 2. Temperatura da GPU antes do jogo.

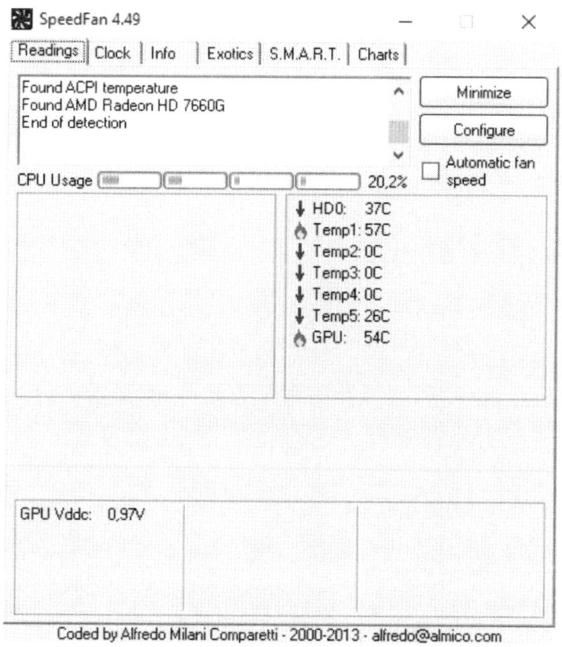

Figura 3.Temperatura da GPU logo após o jogo.

Outra medida que devemos observar é a aquisição da placa de acordo com o slot de barramento disponível na placa-mãe. Atualmente, as placas GPU são encontradas com interface PCI Express (PCIe) nas versões 2.0 e 3.0. Existe compatibilidade entre as duas versões, dessa forma placas PCIe 2.0 podem ser instaladas em placas-mãe com slot PCIe 3.0, e vice-versa. Na figura 4, vemos um slot PCIe em uma placa-mãe.

Figura 4. Slot PCI Express.

Para pesquisas sobre as especificações citadas, listamos na tabela 1 os principais fabricantes de placas GPU e seus respectivos sites.

Tabela 1 – Principais fabricantes de placas GPU

Fabricante	Site	Placas
Nvidia	www.nvidia.com.br	Fabricante das conhecidas placas GeForce
AMD	www.amd.com/pt-br	Fabricante das placas Radeon
S3 Graphics	www.s3graphics.com	Fabricante das placas Chrome

8
Drives

OBJETIVOS

- Diferenciar os tipos de memória em massa
- Conhecer o funcionamento dos barramentos IDE e SATA

Disco rígido ou hard disk (HD)

Antigamente conhecido como winchester, o disco rígido ou hard disk (HD) é o aparelho responsável pelo armazenamento permanente de dados no computador. Todas as informações contidas em nosso computador, como documentos, planilhas eletrônicas, arquivos em MP3, programas e o próprio sistema operacional, estão armazenadas em um HD.

Figura 1. Disco rígido ou hard disk (HD).

Processo de armazenamento de dados

Para armazenar e localizar dados no HD, um dispositivo chamado controlador (ou controladora) utiliza informações conhecidas por número de trilhas, setores e cilindros desse HD. O conjunto dessas informações é denominado geometria de disco. No processo de fabricação do HD, existe uma formatação, ou mapeamento, que define a forma de armazenamento, dividindo o disco em trilhas e setores. Os cilindros são trilhas concêntricas na superfície dos discos, divididas em setores. Os setores, por sua vez, são "pedaços" do HD.

Os HDs possuem uma cache cuja função é armazenar informações sobre um determinado setor. A capacidade da cache dos primeiros HDs era de 64 KB. Hoje, são encontrados HDs com cache de até 256 MB.

Tipos de HD

Temos basicamente três tipos de disco rígido: o IDE, o SCSI, usado principalmente em servidores de rede, e o SATA, ou Serial ATA.

A seguir, trataremos com mais detalhes de cada tipo, com exceção do SCSI, que, por ser utilizado em servidores, não faz parte de nosso objeto de estudo, o microcomputador.

IDE (Integrated Drive Electronics)

A tecnologia IDE surgiu na época do processador 386, para solucionar o problema do aumento de ruído (interferência, perda de dados) sempre que os fabricantes de HDs tentavam aumentar a capacidade de armazenamento de seus discos.

Esse ruído ocorria entre o disco e a controladora do HD. Devido à sua natureza de causar perda de informações, os ruídos faziam com que a controladora solicitasse várias vezes o reenvio dos dados, ao mesmo tempo que enviava novos dados ao HD. Com isso, quanto maior a capacidade do HD, maior era o nível de interferência entre o disco e a controladora, o que impediu, por certo tempo, a fabricação de HDs de maior capacidade.

Mas, como o aumento de capacidade dos HDs era uma necessidade real, houve várias empresas empenhadas em encontrar soluções para o problema. A Western Digital foi a que mostrou uma solução viável, considerada até relativamente simples. Em 1986, a companhia apresentou um HD semelhante aos padrões ST-506 e ESDI (Enhanced Small Device Interface), usados naquela época. A grande diferença estava no cabo que ligava os discos à controladora – ele simplesmente não existia mais no novo HD, cuja controladora passou a ficar integrada na placa de circuitos do próprio disco. Resultado: os ruídos desapareceram.

Essa solução, chamada IDE justamente pela integração da controladora na placa do HD, tornou-se padrão para discos rígidos. Isso também deixa claro que antigamente a controladora não ficava dentro do HD.

Padrões IDE: ATA, ATAPI, EIDE e UltraATA

Quem conhece pelo menos um mínimo sobre as técnicas de montagem de computadores sabe que, nos conectores da placa-mãe que permitem instalar o HD, é possível também conectar drives de CD-ROM/gravadores de CD-ROM, zip drives, etc. É que esses dispositivos utilizam o mesmo tipo de cabo de conexão do HD (flat cable de 40 ou 80 vias). Para que essa conexão seja possível, utiliza-se um padrão conhecido como ATAPI (Advanced Technology Attachment Packet Interface). Na conexão de HDs, usa-se uma interface denominada ATA (Advanced Technology Attachment). Vale observar que o próprio computador, por intermédio de seu BIOS e/ou chipset da placa-mãe, reconhece quando utilizar a interface ATA ou a interface ATAPI.

Já o padrão EIDE (Enhanced Integrated Drive Electronics) refere-se a uma melhoria da interface IDE, que consiste em um aumento da velocidade de transferência de dados do HD. Esse padrão permite que em um mesmo conector IDE sejam instalados dois dispositivos, como um HD e um drive de CD-ROM, ou simplesmente dois discos rígidos. A interface IDE melhorada, ou EIDE, está integrada na placa-mãe pelo chipset e é dividida em dois canais, sendo um principal e outro secundário. Com isso, é possível instalar até quatro dispositivos, pois cada IDE disponível suporta até dois drives, conforme foi dito.

É importante frisar que a interface EIDE tem um concorrente: o padrão SCSI, que é bem mais eficiente, porém muito mais caro. Por essa razão, o SCSI só é usado em aplicações que necessitam de alta performance.

Hoje, praticamente todos os HDs de interface IDE lançados no mercado trabalham com o padrão UltraATA, também conhecido como UDMA ou UltraDMA (Ultra Direct Memory Access). Esse padrão permite a transferência de dados a uma taxa de pelo menos 33,3 MB/s, mas não funcionará adequadamente se for suportado somente pelo HD. É necessário que a placa-mãe também o suporte; caso contrário, o HD trabalhará a uma taxa de transferência mais baixa.

Para explicar por que isso ocorre, comecemos esclarecendo que existem quatro tipos básicos de UltraATA: UDMA 33, UDMA 66, UDMA 100 e UDMA 133. Os números nessas siglas representam a quantidade de megabytes transferível por segundo. Assim, o UDMA 33 transmite ao computador dados em até 33 MB/s. O UDMA 66 faz o mesmo em até 66 MB/s, e assim por diante. Imaginemos, por exemplo, que foi instalado um HD UDMA 133 em nosso computador, mas que a placa-mãe só suporta UDMA de 100 MB/s. Isso não significa que o HD não vai funcionar. O que acontecerá é que nosso computador trabalhará somente com o HD a uma taxa de transferência de até 100 MB/s, e não a 133 MB/s, que é a taxa máxima que nosso HD suporta.

A tabela 1 mostra as taxas de transferência externa do HD IDE.

Tabela 1. Taxas de transferência externa dos padrões IDE

Padrão	Taxa de transferência (MB/s)
DMA padrão	1,0
PIO Mode 0	3,3
PIO Mode 1	5,2
PIO Mode 2	8,3
PIO Mode 3	11,1
PIO Mode 4	16,6
PIO Mode 5	20,0
Fast ATA	11,1
Fast ATA-2	16,6
DMA Mode 1	13,3
DMA Mode 2	16,6
UltraATA	33,3
UltraDMA 33 (ATA 33)	33,3
UltraDMA 66 (ATA 66)	66,6
UltraDMA 100 (ATA 100)	100,0
UltraDMA 133 (ATA 133)	133,0

Fonte: Serviço Nacional de Aprendizagem Comercial, *Manutenção de computadores* (2ª ed. São Paulo: Editora Senac São Paulo, 2002), apostila.

SATA ou Serial ATA

O padrão SATA, ou Serial ATA, é uma nova interface para dispositivos de armazenamento, principalmente para HDs e aparelhos leitores/gravadores de CD e DVD. Esse padrão é o substituto da interface Parallel ATA (Parallel Advanced Technology Attachment), cuja última versão recebeu a denominação ATA 133. Seu uso só é possível em dispositivos de armazenamento, não podendo ser estendido a dispositivos como escâneres e impressoras.

O padrão Serial ATA chama a atenção logo de início, por atingir a velocidade de 150 MB/s (podendo multiplicar esse valor nos próximos anos), enquanto o ATA 133 levou quinze anos para alcançar 133 MB/s de transferência de dados.

No entanto, usuários com certa experiência em informática devem estranhar o fato de um padrão serial ser mais rápido que um padrão paralelo. Esse estranhamento não é de todo equivocado, já que por via paralela são transmitidos vários bits ao mesmo tempo, enquanto por via serial é transmitido apenas um bit por vez. Como se explica então a superioridade do padrão SATA?

Essa superioridade se deve a técnicas avançadas de transmissão serial de informações. Com transmissão paralela, geralmente são usados 16 bits por vez, no uso de HDs. Poucos sabem, mas isso causa uma espécie de interferência na transmissão (ou seja, ruído), o que exige o uso de métodos que reduzam essa interferência, de modo a evitar perdas ou erros de informações. O problema é que essas técnicas só funcionam se a velocidade de transmissão for diminuída. Como no padrão serial não ocorrem interferências desse tipo (pois não há bits sendo transmitidos "um ao lado do outro", ou seja, ao mesmo tempo), é possível utilizar toda a velocidade de transmissão. Esse aumento de velocidade faz do SATA um padrão bem mais eficiente que o Parallel ATA.

Outro fato interessante a respeito do SATA é que HDs que utilizam essa interface não precisam de jumpers (pequenos conectores) para identificar o disco Master (primário) ou o Slave (secundário). Isso porque cada um desses dispositivos usa um único canal de transmissão, permitindo aproveitar toda a capacidade possível. No entanto, para não haver incompatibilidade com dispositivos que usam os padrões Parallel ATA, é possível instalar tais aparelhos em interfaces seriais por meio de placas adaptadoras. Além do mais, diversos fabricantes de placas-mãe já estão desenvolvendo placas contendo ambas as interfaces, porém o padrão IDE deverá ser extinto em breve.

Outra novidade é que o padrão permite o uso da técnica chamada hot swap, que torna possível a troca de um dispositivo SATA com o computador ligado. Desse modo, torna-se possível, por exemplo, trocar um HD sem que para isso seja necessário desligar a máquina. Esse recurso é muito útil no caso de servidores, que precisam de manutenção ou reparos, mas não podem parar de funcionar.

Atualmente, existem três tipos de padrões SATA, conforme a tabela 2:

Tabela 2. Padrões SATA

Serial ATA	Taxa de transmissão
SATA I	150 MB/s
SATA II	300 MB/s
SATA III	700 MB/s, aproximadamente

O cabo da interface serial ATA é muito menor que o cabo paralelo, pois utiliza somente quatro fios. É todo blindado, para evitar ruídos externos, e uma de suas grandes vantagens é proporcionar maior espaço livre dentro do gabinete do computador, permitindo maior ventilação e, consequentemente, aumentando a vida útil do equipamento.

Leitores e gravadores de CD, DVD e Blu-ray

O CD-ROM, ou leitor de CD, é um item opcional nos computadores, embora hoje seja praticamente impossível instalar um programa em disquetes, como acontecia na época do Windows 95, que possuía mais de quinze disquetes de instalação (e não estamos levando em consideração a possibilidade de usar o leitor de CD por meio de rede, já que o computador pode não ter esse recurso local).

Parece brincadeira, mas nunca devemos confundir as funções de um gravador de CD com as de um leitor de CD. Não é raro observar pessoas comprarem CDs virgens (CD-R) e no dia seguinte voltarem à loja, alegando que os CDs estão com problema, e, após repetidas trocas do produto, descobrirem que não possuem um gravador de CD em seu computador.

Figura 2. CD-ROM ou leitor de CD.

Há ainda aqueles aparelhos que fazem um pouco mais, como é o caso dos gravadores Combo (leitor de CD e DVD e gravador de CD) ou dos DVD-RW (leitor de CD e DVD e gravador de CD e DVD).

Para finalizar, a capacidade da mídia de CD-ROM é de 650 MB e 700 MB, e da mídia de DVD é de 4,7 GB, 8,5 GB, 9,4 GB e 17 GB. Notemos que com o DVD é possível ter praticamente o espaço de armazenamento de um HD, com a vantagem de não ser tão delicado. Pena que muitos compram o gravador de DVD pensando em pirataria.

Sempre que você encontrar um gravador com a nomenclatura 52x24x52 significa que o computador grava as informações em 52x (velocidade), regrava em 24x (somente com CDs virgens CD-RW) e lê em 52x. Além disso, são encontrados gravadores internos (IDE e SCSI) e externos (paralelo e USB).

9
Montagem do computador

OBJETIVOS

- Utilizar ferramentas e equipamentos adequados
- Montar corretamente o computador
- Jumpear e instalar o processador na placa-mãe

Lista de ferramentas

Antes de iniciarmos a montagem ou mesmo a manutenção de um computador, devemos dispor de um conjunto básico de ferramentas, que nos será de extrema utilidade na realização de nossa tarefa.

Por isso, é bom tê-las sempre à mão. Não há vergonha maior para um técnico do que ter de pedir ao cliente um extrator de grampos para abrir o gabinete, por falta ou esquecimento de suas ferramentas básicas.

As figuras 1 a 9, a seguir, mostram as principais ferramentas que nunca devem ser esquecidas na hora de colocar a mão na massa. São elas:

- chave de fenda;
- chave Phillips;
- chave de teste de fase;
- multímetro;
- pulseira antiestática;
- jogo de chaves de torque números 10, 15 e 20;
- alicate de bico;
- alicate de corte;
- prendedores de cabos.

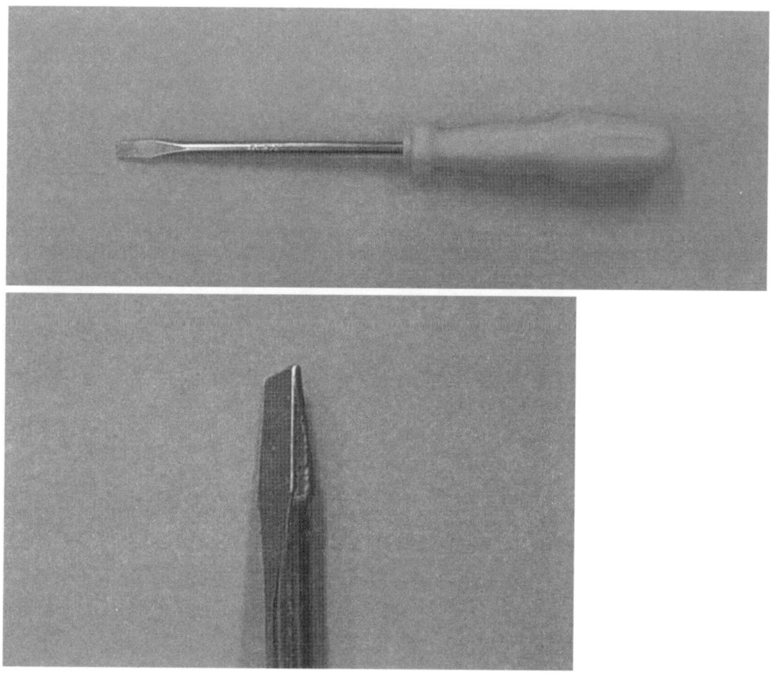

Figura 1. Chave de fenda.

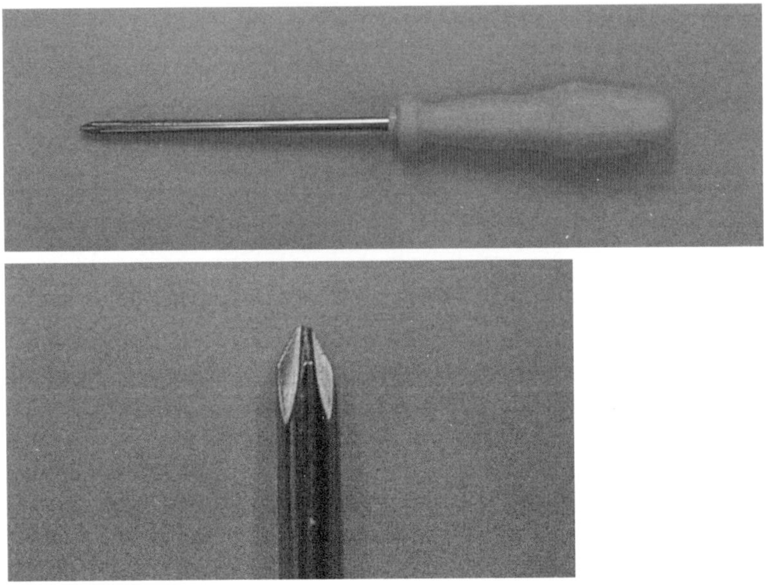

Figura 2. Chave Phillips.

Figura 3. Chave de teste de fase.

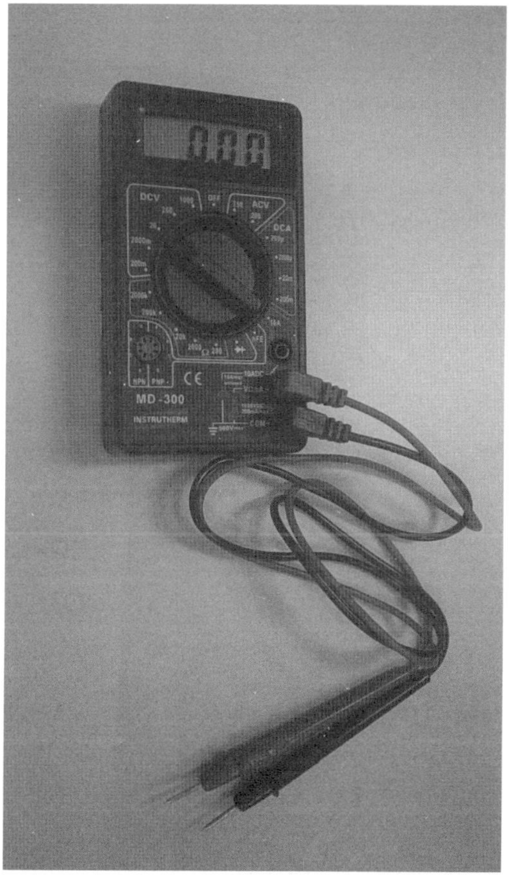

Figura 4. Multímetro.

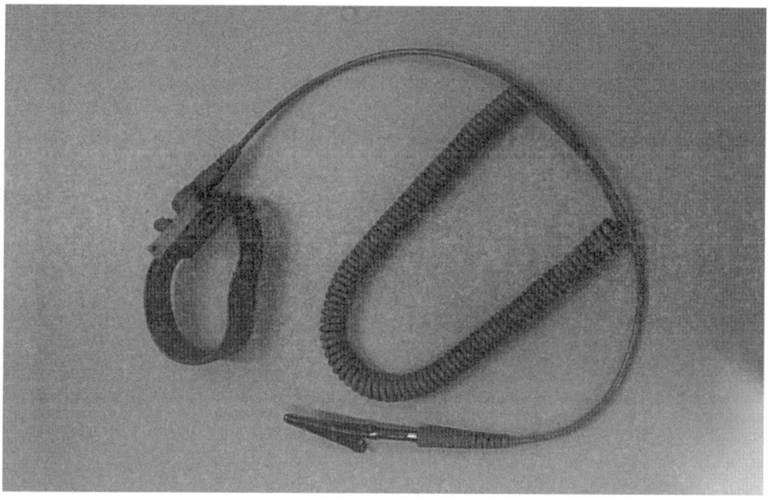

Figura 5. Pulseira antiestática.

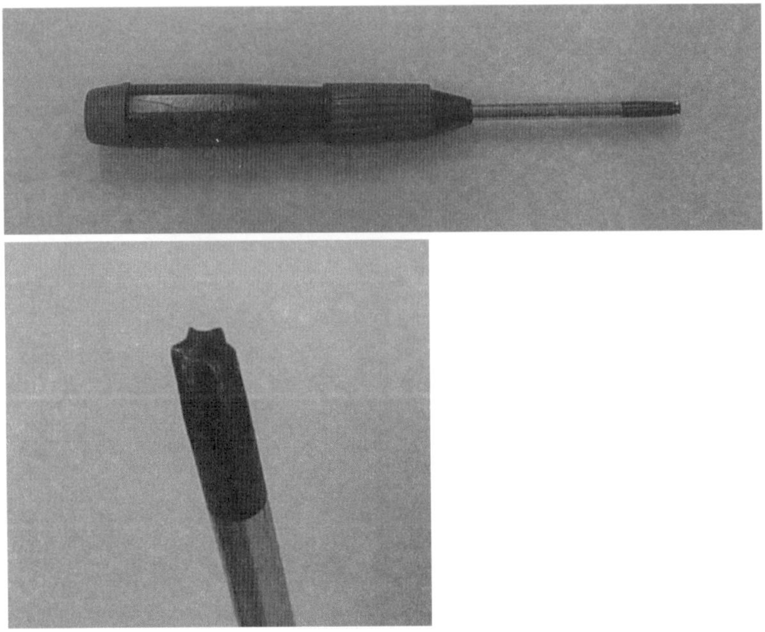

Figura 6. Chave de torque.

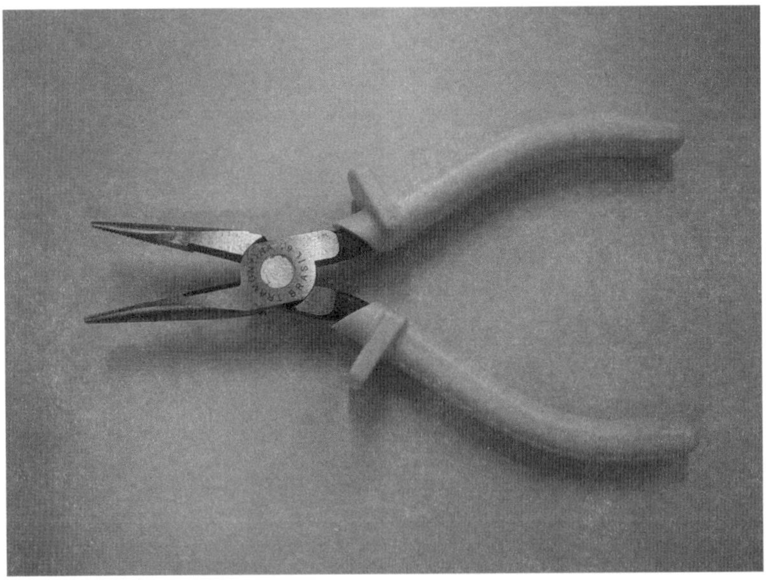

Figura 7. Alicate de bico.

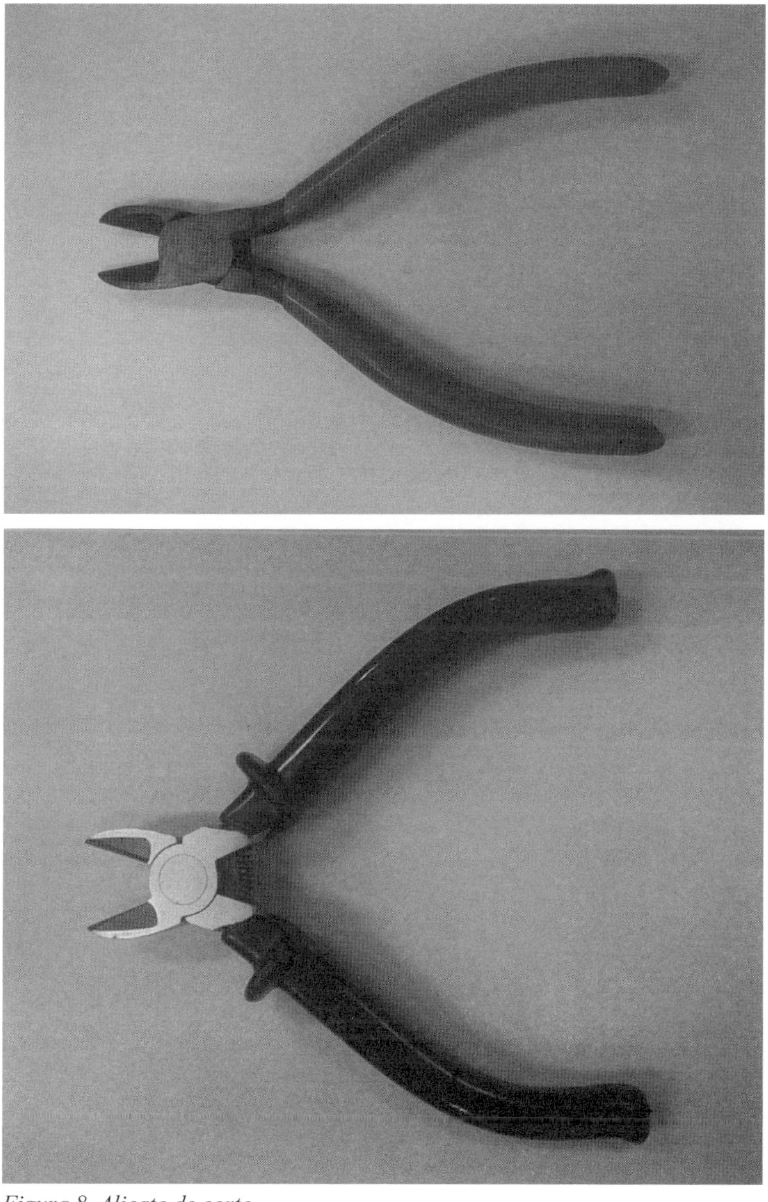

Figura 8. Alicate de corte.

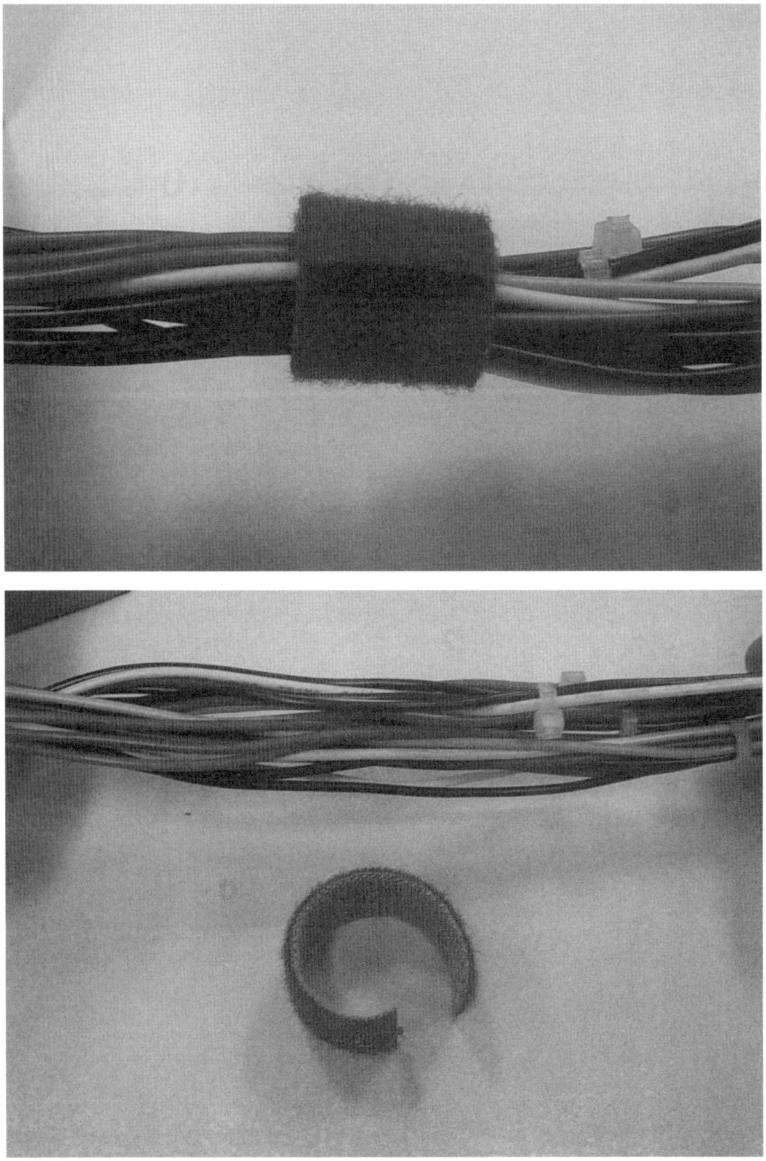

Figura 9. Prendedor de cabos.

> Além das ferramentas listadas, é muito interessante possuir um lacre de segurança, a fim de evitar a abertura indevida do equipamento. Se puder, tenha também o selo de resina para colar na parte frontal do gabinete, divulgando sua logomarca e seu telefone.

Componentes do computador

As figuras 10 a 15, a seguir, mostram os componentes básicos ou essenciais a ser utilizados na montagem do computador. São eles:

- conjunto de gabinete e fonte de alimentação;
- placa-mãe;
- processador;
- cooler;
- pente de memória RAM;
- disco rígido ou HD.

Figura 10. Gabinete ou case.

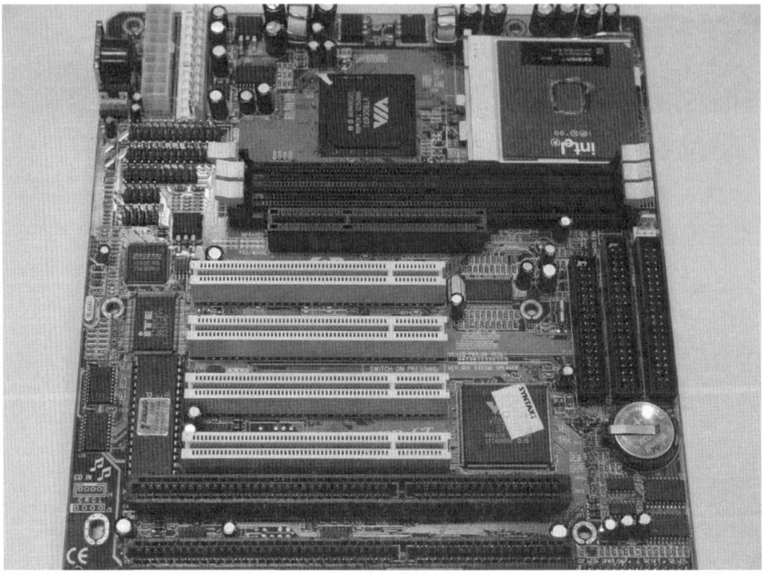

Figura 11. Placa-mãe.

Figura 12. Processador.

Figura 13. Cooler.

Figura 14. Pente de memória RAM.

Figura 15. Disco rígido ou HD.

Temos também os componentes complementares (figuras 16 e 17):

- placa de vídeo;
- gravador e leitor de CD ou de DVD;

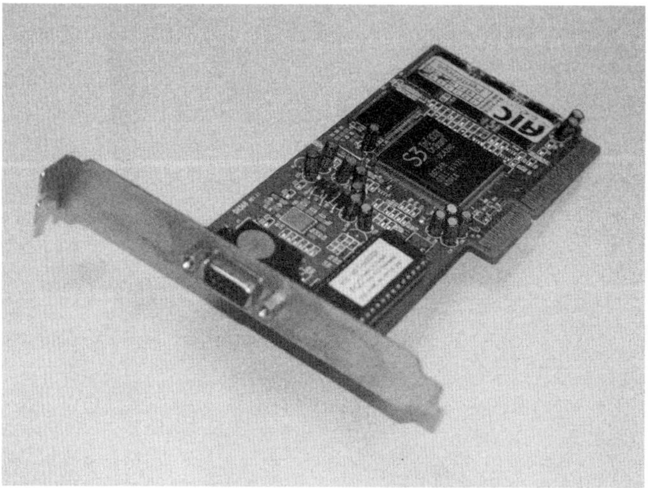

Figura 16. Placa de vídeo 3D.

Figura 17. Gravador e leitor de CD.

Há, ainda, outros dispositivos indispensáveis, chamados periféricos:

- monitor;
- teclado;
- mouse.

E os dispositivos extras, como:

- placa de fax-modem;
- placa de rede;
- placa de som;
- placa de edição de vídeo;
- USB;
- firewire.

Montagem passo a passo

Agora, podemos iniciar a montagem do computador, passo a passo. É importante salientar que a base é a mesma para todos os computadores; um ou outro pormenor pode ser alterado, de acordo com a tecnologia.

Conexão da fonte de alimentação à placa-mãe

Conecte a fonte, usando o conector ATX (figura 18), o ATX 12 V e o P6 (figura 19), nas respectivas conexões na placa-mãe (figuras 20 e 21).

Em decorrência da alta frequência dos processadores, existem alimentações sobressalentes na placa.

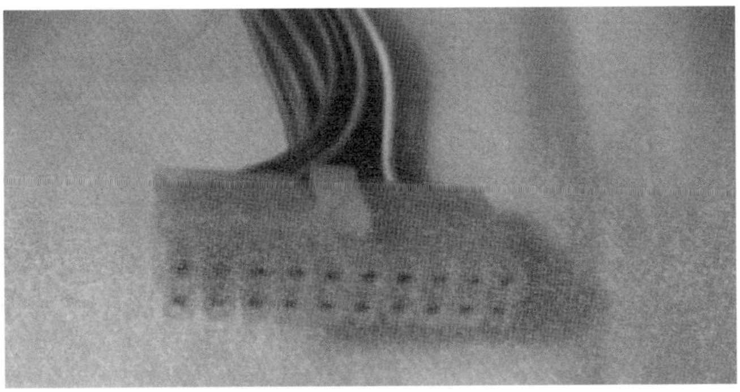

Figura 18. Conector ATX da fonte.

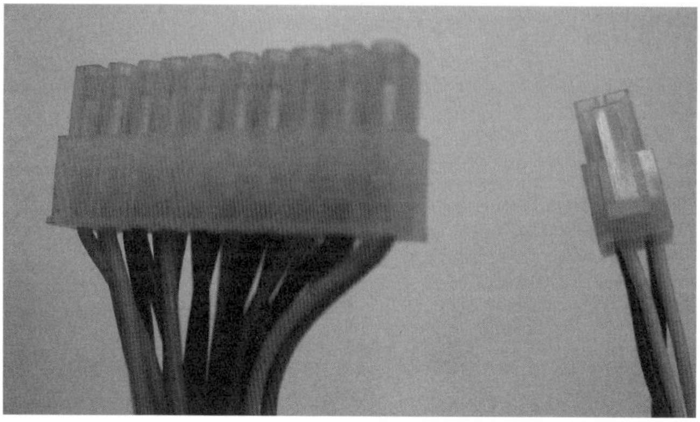

Figura 19. Alimentação 12 V (esquerda) e conector ATX 12 V (direita).

Figura 20. Conexões ATX (esquerda) e ATX 12 V (direita) na placa-mãe.

Figura 21. Conector ATX 12 V na placa-mãe.

Faça uma revisão, antes de começar a montagem, e verifique se todos os componentes estão separados.

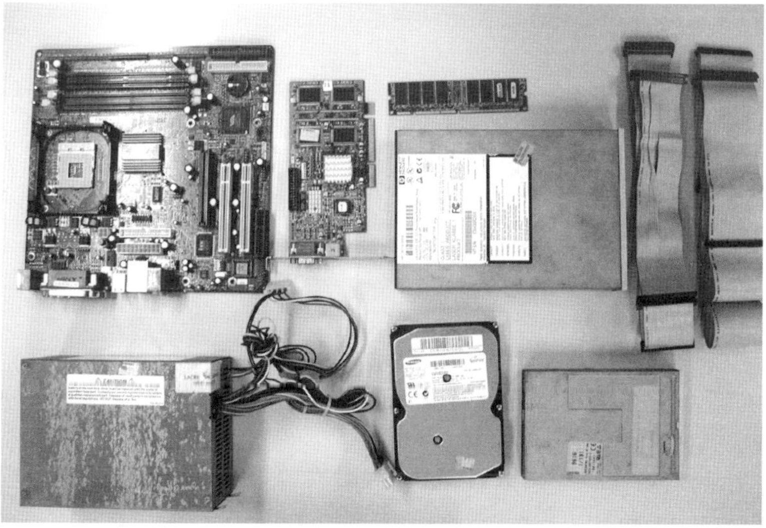

Figura 22. Componentes separados e prontos para serem montados.

Fixação da placa-mãe no gabinete

Abra o gabinete, retire o cabo de energia e o pacote contendo parafusos e espaçadores.

Figura 23. Gabinete aberto frontalmente.

Figura 24. Parafusos e espaçadores.

Por falar em parafusos e espaçadores, é possível encontrá-los para venda avulsa apenas em lojas especializadas.

Atenção especial deve ser dada aos tipos de parafuso, pois cada um tem a função de fixar determinado dispositivo. São eles a rosca grossa (figura 25) e a rosca fina (figura 26).

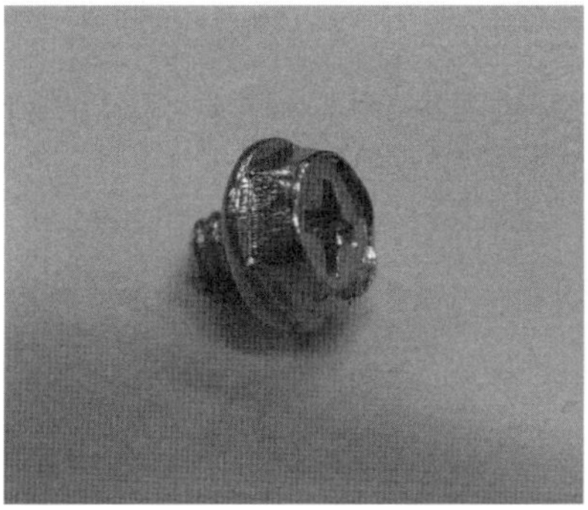

Figura 25. Rosca grossa.

Figura 26. Rosca fina.

A rosca grossa é utilizada para fixar a fonte, o HD e a tampa externa do gabinete.

A rosca fina é usada para fixar a placa-mãe, o drive de disquete e os leitores e gravadores de CD e DVD.

Há, também, o suporte de parafuso (figura 27), que deve ser fixado na chapa do gabinete que acomoda a placa-mãe.

Figura 27. Suporte para fixação no gabinete.

Primeiramente, fixe o suporte de parafuso na chapa metálica do gabinete, depois coloque a placa-mãe sobre os suportes (fazendo coincidi-los com os furos da placa) e, finalmente, parafuse-a.

> Como não existe um padrão para todos os furos da placa-mãe, na hora de parafusá-la, compare os furos na placa com os furos da chapa do gabinete.

Muito cuidado com descarga eletrostática neste momento!

Conexão das placas à placa-mãe

Fixada a placa-mãe no gabinete, é hora de identificar o que deveremos "espetar" em seus respectivos slots (figura 28).

Figura 28. Placa-mãe e suas respectivas conexões.

Já vimos, em capítulos anteriores, o funcionamento de cada placa, mas para relembrar citaremos, a seguir, o nome dos conectores e do dispositivo a serem conectados. A figura 28 mostra a exata localização de cada item na placa-mãe.

- IDE connectors ou conectores IDE: cabo IDE de 40 ou 80 vias para HD, gravadores e outros dispositivos IDE;
- Power supply ou alimentação: conector ATX da fonte;
- Panel connectors ou conectores do painel: conectores do gabinete (botões *Reset, Liga/Desliga, Power Led* e *HDD Led*);
- Floppy: cabo flat de 34 vias para o drive de disquete;
- System memory: pentes de memória RAM;
- CPU socket ou soquete CPU: processador e cooler;
- CPU FAN: alimentação do cooler;
- AGP slot ou slot AGP: placa de vídeo de barramento AGP;
- PCI slot ou slot PCI: placas de barramento PCI;
- PCI Express slot: placas de barramento PCI Express;
- ACR slot ou slot ACR: sucessor do slot AMR, pode ser conectado a placas de fax-modem;
- ATX connectors ou conectores ATX: dispositivos onboard (porta serial, paralela, USB, teclado, mouse, som e joystick).

Figura 29. Conectores ATX para dispositivos onboard.

Vale notar que a disposição aqui apresentada corresponde à da placa-mãe Asus. Existem centenas de placas no mercado, cuja disposição pode ser diferente dessa, mas os componentes e slots são em sua maioria os mesmos.

Instalação do painel frontal do gabinete ATX

Para os iniciantes, é natural que as abreviações no painel frontal e nos plugues não pareçam tão óbvias. Por isso é recomendável consultar o manual da placa-mãe para a instalação desse item.

Mesmo assim, apesar da falta de uniformidade entre os vários modelos e fabricantes, fornecemos, a seguir, uma breve lista de abreviações que ajudará em alguns casos.

- SP ou SPK: saída para o alto-falante. O plugue tem quatro pinos, normalmente dois fios: um preto e outro vermelho;
- Rs, Re, Rst: saída para o botão *Reset*. O plugue tem dois pinos, normalmente um é marrom e o outro, branco;
- Pwr, Pwled ou Power Led: led verde para indicação de energia. O plugue tem dois pinos, normalmente um é verde e o outro, branco;
- Pw Sw ou Power SW: saída para o start da placa-mãe. O plugue tem dois fios, normalmente um é laranja e o outro, branco;
- HDD Led ou HD Led: led vermelho para indicação de atividade do HD. O plugue tem dois pinos, normalmente um é vermelho e o outro, branco.

Figura 30. Plugues HDD Led, Power SW e Reset.

Não há problema em inverter os fios do Reset e da saída Power SW. O funcionamento ocorrerá normalmente. Já para os leds Power e HD, é necessária a instalação correta para o funcionamento. Em caso de inversão, não há risco de danos, mas os leds não acenderão.

Instalação da memória RAM

Pela figura 31, podemos verificar o lado correto de instalação (de acordo com o "corte" no pente).

Figura 31. Pente de memória RAM sendo instalado no slot da placa-mãe.

Nas placas novas, não há necessidade de instalação em ordem crescente (DDR1, DDR2 e DDR3). É possível instalar um único pente de memória no slot 2 ou 3, para que o computador funcione. Somente em caso de placa de vídeo onboard, devemos instalar o pente no slot 1, pois a memória é compartilhada e necessita que a instalação seja no primeiro slot.

Configuração do processador na placa-mãe

Jumpeamento

A maioria das placas-mãe atuais são jumperless, ou não jumpeadas, isto é, são configuradas pelo Setup. Porém, ainda temos placas que necessitam ser configuradas manualmente (jumpeadas).

Primeiramente, é necessário conhecer a frequência (FSB) do processador para configurá-lo na placa.

É altamente recomendável consultar o manual da placa-mãe para execução desse procedimento.

Ao efetuar a configuração, também será necessário o uso de jumpers para a composição da frequência adequada.

Figura 32. Jumper.

Na figura 33, podemos ver uma tabela para jumpeamento impressa na placa-mãe.

É interessante notar que nessa tabela existe uma opção Auto, na qual a configuração é automática de acordo com a CPU instalada.

Figura 33. Tabela para jumpeamento na placa-mãe.

DIP

Também utilizado na configuração de placas novas, dispensa o uso de jumpers. No exemplo da figura 34, temos quatro chaves. A posição para cima representa On (ativado) e para baixo, Off (desativado). A combinação das posições das quatro chaves forma a frequência correspondente do processador. Nesse caso, também é bom seguir as informações contidas nos manuais da placa-mãe.

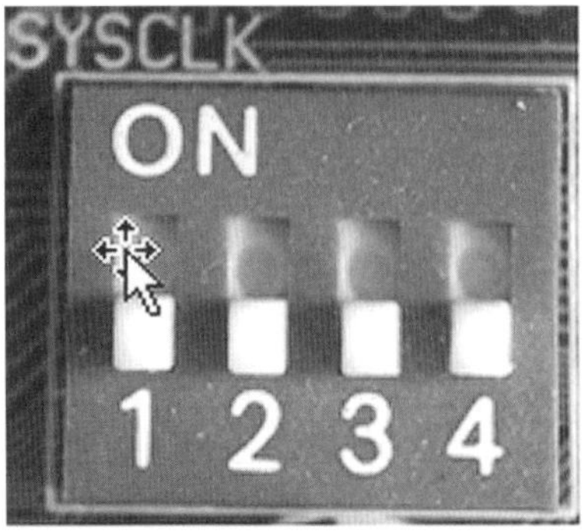

Figura 34. Conector Dip.

Jumperless

Podemos definir a frequência do processador diretamente no Setup ou então utilizar a seguinte fórmula: valor do FSB × número do multiplicador.

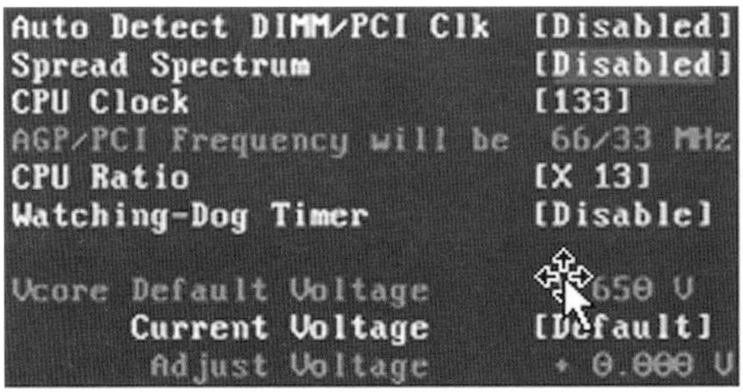

Figura 35. Configuração pelo Setup.

> Caso sua placa seja jumpeada, fique atento para não efetuar um overclock (sobrecarga ou excesso de frequência) no processador, o que poderia queimá-lo. Somente faça um overclock em seu computador se você for um usuário avançado e tiver montado, para esse processo, o cenário adequado: sistema de refrigeração, conhecimento técnico avançado e hardware apropriado.

Instalação do processador

Comece levantando a alavanca localizada na lateral do soquete para encaixe do processador (figura 36). Colocado o processador, você deve baixar a alavanca para travá-lo e fechar o contato entre os pinos e o soquete (figura 37).

Figura 36. Soquete para encaixe do processador (CPU socket).

Figura 37. Processador encaixado.

A seguir, é necessário preparar o processador para a instalação do cooler, aplicando pasta térmica sobre seu núcleo. Essa ação tem como objetivo facilitar a transferência de calor do processador para o dissipador de calor do cooler.

Figura 38. Aplicação da pasta térmica sobre o núcleo do processador.

> Muitos fornecedores não cobrem garantia de processador queimado por falta de uso de pasta térmica.
> Alguns casos de travamento ou reinício do computador resolvem-se simplesmente com a aplicação de um pouco de pasta sobre o núcleo do processador.

Instalação do cooler

Ao encaixar os prendedores de ferro do cooler na placa-mãe, você precisará do auxílio de uma chave de fenda (figura 40). Mas muito cuidado! Se a chave de fenda escapar e encostar na placa, o risco de perda de um barramento e, consequentemente, da placa-mãe é muito grande.

Figura 39. Colocação do cooler.

Figura 40. Encaixe do cooler na placa-mãe.

Em seguida, conecte a alimentação do cooler, conforme a figura 41.

Em caso de cooler FAN (modelos novos), a alimentação virá direto da placa-mãe. Se for um cooler de modelo antigo, a alimentação será feita pelo conector da fonte.

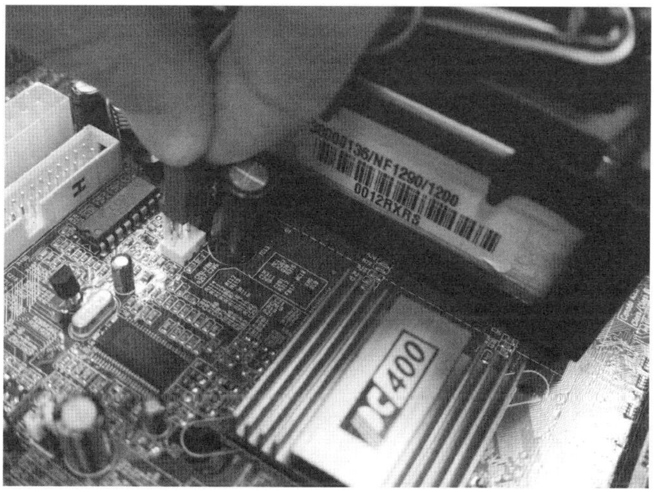

Figura 41. Conexão do cooler FAN à alimentação na placa-mãe.

Diferenças de instalação de processadores Intel Pentium 4

Pela figura 42, você pode notar que, além de o Pentium 4 ser menor que os processadores da AMD (ver figura 37, na p. 141), o suporte para o cooler fica ao redor do soquete do processador.

Figura 42. Processador Pentium 4 encaixado no soquete da placa-mãe.

A instalação do cooler para Pentium 4 é feita por travas plásticas (figura 43) na parte superior. Com isso, reduz-se o risco de acidente com a chave de fenda.

Figura 43. Instalação do cooler.

Instalando processadores Intel Core i3, i5 ou i7

Estes novos processadores utilizam o mesmo soquete (LGA 1156), o que facilita o processo de instalação. O importante é checar a compatibilidade do processador com a placa-mãe.

Conexão de dispositivos IDE

Mesmo sabendo que a tecnologia SATA tem avançado a cada dia, ainda temos muitos dispositivos IDE no mercado. Os mais rápidos ainda são os caríssimos SCSI.

As conexões dos dispositivos IDE são relativamente fáceis; a parte mais complicada fica por conta do jumpeamento.

Os cabos flat (ou flat cables) de 40 e 80 vias têm duas conexões, além da que vai na placa-mãe, que podem ser conectadas a qualquer dispositivo, independentemente da ordem. Apenas se deve seguir a seguinte regra:

- IDE 1 (Master): normalmente jumpeado para o HD com sistema operacional;
- IDE 1 (Slave): pode ser instalado qualquer outro dispositivo IDE;
- IDE 2 (Master): pode ser instalado qualquer outro dispositivo IDE;
- IDE 2 (Slave): pode ser instalado qualquer outro dispositivo IDE.

> Nunca configure dois dispositivos na mesma posição para o mesmo flat. Por exemplo: HD – IDE 1 Master e gravador de CD – IDE 1 Master.
> Não é obrigatório seguir uma ordem: é possível instalar um dispositivo na IDE 1 como Master e outro na IDE 2 como Slave.

O jumpeamento é feito diretamente no dispositivo. O jumper deve ser conectado a um encaixe específico, situado entre a conexão de energia e a de dados (figura 44).

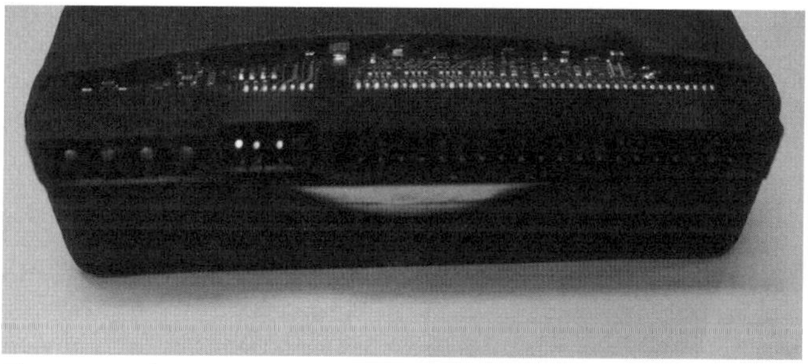

Figura 44. Conexão IDE no dispositivo.

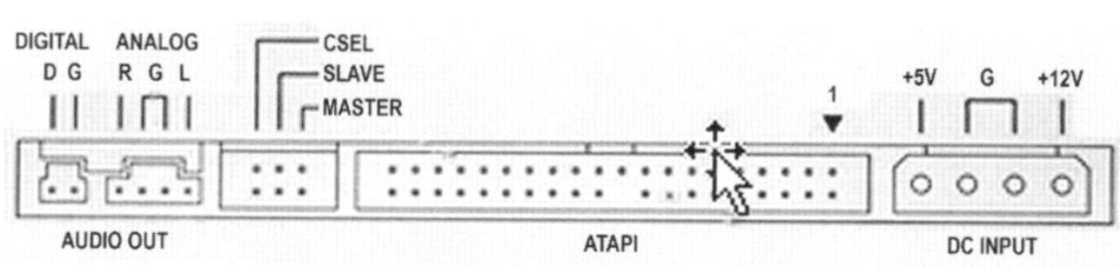

Figura 45. Mapa das conexões IDE.

Conexão dos cabos flat

A figura 46 mostra a conexão do cabo flat no dispositivo IDE.

Figura 46. Cabo flat conectado a dispositivo IDE.

Conexão dos cabos de energia

Faça a conexão nos dispositivos IDE e no floppy, conforme a figura 47.

Figura 47. Cabo de energia conectado a dispositivo IDE.

Instalação de dispositivos SATA

Não há grandes mudanças na instalação de um dispositivo SATA. Da mesma forma que em um dispositivo IDE, há um cabo de energia e outro de dados. O único ponto diferente a ser observado é se a placa-mãe possui um jumper chamado SATA Enable, dedicado exclusivamente a ativar as conexões desse tipo. Essa informação está disponível no manual da placa-mãe ou no site do fabricante.

Instalação das placas offboard

Conecte as placas AGP e PCI nos devidos slots. Para o dispositivo PCI, não há uma regra, ou seja, em qualquer slot que conseguir ser encaixado, ele funcionará, já que a placa-mãe só possui um único encaixe AGP.

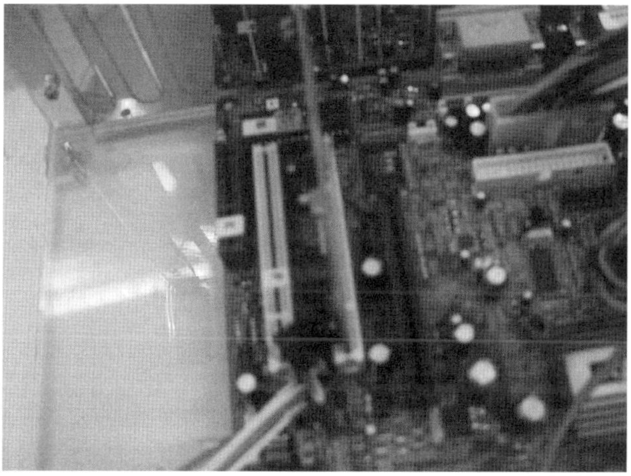

Figura 48. Placas offboard encaixadas nos slots (à esquerda).

Agora, recoloque a tampa do gabinete e parafuse-o.

Pronto, seu computador já pode ser ligado!

Erros comuns

Power Switch

Se o conector não estiver instalado de maneira correta ou se estiver desconectado, o computador não ligará, portanto é preciso estar atento a esse conector. Utilize o manual da placa-mãe para saber a posição correta de instalação.

Cabo flat

Verifique se os cabos estão bem encaixados para evitar a queima do dispositivo ou seu mau funcionamento. O mesmo se aplica aos cabos SATA.

Atenção para não inverter o cabo flat do HD. Algumas placas nem ligam o computador se o cabo estiver instalado de forma errada.

Jumper Clear CMOS

É comum placas novas estarem jumpeadas na posição Clear CMOS; porém a placa não liga se estiver nessa posição. Sempre que você estiver montando um computador novo ou trocando uma placa-mãe, localize o jumper pelo manual e verifique na placa se é necessário alterar a posição.

Cooler do processador

Os coolers novos possuem um cabo extra para medir a rotação da ventoinha, por isso ele precisa estar conectado no local específico para cooler de processador (CPU FAN) na placa-mãe. Se ele for conectado em outra saída, poderá até funcionar, porém a placa poderá não ligar por não "entender" que o cooler do processador está instalado.

Placa e/ou memória mal encaixadas

Atenção ao conectar uma placa nos slots PCI, AGP ou PCI Express. Ela deve estar totalmente inserida no slot. Se não estiver totalmente conectada, pode provocar erros ou tornar o computador inoperante.

Seletor de voltagem da fonte

As fontes novas vêm de fábrica na posição 220 V. Se a energia da tomada em que o computador será instalado for de 110 V, o computador não ligará. Se o inverso acontecer, a fonte queimará.

Eletricidade estática

Apesar de não ser comum, é possível que uma placa nova ou usada esteja queimada por descarga eletrostática. Para evitar esse problema, prefira peças "BOX" e utilize as ferramentas adequadas na montagem do computador.

10

Dicas de manutenção básica de notebooks

OBJETIVO

- Apresentar resumidamente os problemas mais comuns encontrados em notebooks

Um dos pontos importantes para se frisar sobre a manutenção de notebooks é a similaridade do funcionamento lógico entre o laptop e o PC. O que realmente muda é o formato das peças, em geral mais compactas e que carecem de maior atenção no processo de desmontagem, além de um cuidado maior na substituição delas para não danificar outros componentes, principalmente por descargas eletrostáticas, conforme mencionado nos capítulos anteriores.

Excluindo os problemas nos componentes eletrônicos, em soldas ou em placas integradas, como placas-mãe, existem basicamente cinco problemas que podem ser facilmente resolvidos: disco rígido, teclas soltas, tela, refrigeração e memória RAM.

Disco rígido

Apesar da alta tecnologia, o uso inadequado do computador – transportar ou inclinar o notebook ligado enquanto ele está processando algum trabalho, por exemplo – pode comprometer o funcionamento do componente, gerando a necessidade de ser substituído.

Figura 1. Disco rígido ou hard disk (HD).

Para a troca, com o equipamento desligado, é preciso localizar na parte inferior do notebook uma tampa retangular de aproximadamente 15 cm de comprimento, presa por dois parafusos, que deve ser aberta. Lá fica o HD, preso somente pelo cabo flat, que também alimenta a peça, diferentemente do PC, em que há dois cabos.

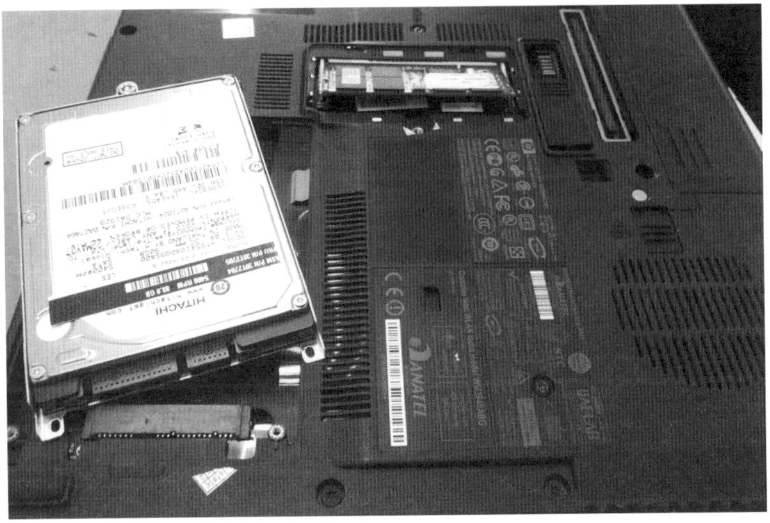

Figura 2. Localização do HD no notebook.

É necessário buscar, no manual do notebook, qual é o tipo de conexão do HD (por exemplo, SATA), para que seja instalada uma peça com conexão igual.

Após a substituição, o processo de instalação do sistema operacional segue o mesmo padrão do PC.

Teclas soltas

As teclas do notebook são presas individualmente por uma trava plástica que facilmente se quebra. A substituição de teclas pode ser feita normalmente, exigindo especial atenção no encaixe para evitar que as partes plásticas se rompam, uma vez que são muito finas e fáceis de serem danificadas.

Figura 3. Teclado do notebook.

Tela LCD/LED

Abrir e fechar a "tampa" do notebook constantemente poderá ocasionar danos no cabo de dados (cabo flat). Nesse caso, o monitor apresenta troca de cores e/ou falhas na projeção da imagem. Esse é um dos problemas mais complicados de se resolver, pois é necessário remover boa parte da carcaça do equipamento, desde os encaixes da placa-mãe até os da tela.

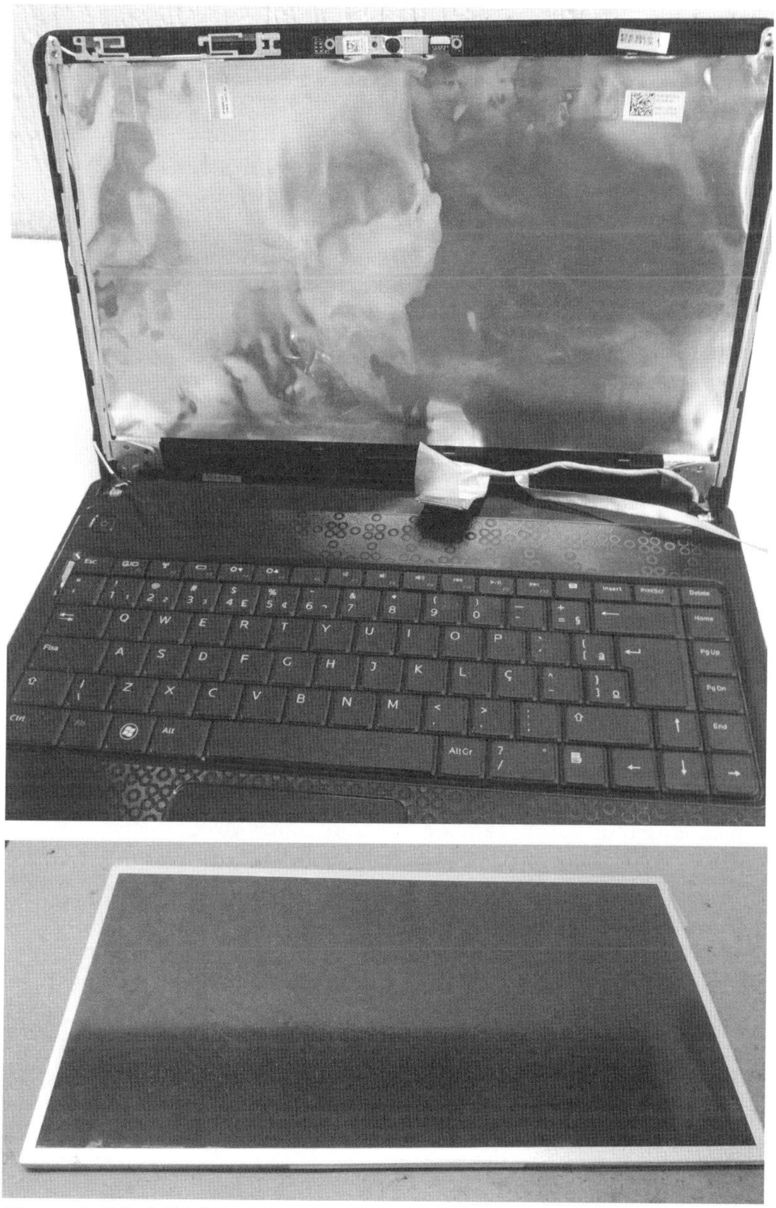

Figura 4. Tela LCD/LED de notebook com problema.

> Caso o notebook esteja inicializando e não apareça a imagem, é possível testá-lo utilizando um monitor externo, conectado à saída RGB ou DVI do notebook. Em alguns casos, é necessário pressionar uma combinação de teclas para habilitar o monitor externo, como *Fn + F7*.

Refrigeração

Como os componentes são compactos, é comum acontecer um superaquecimento no processador por problema no cooler. Nesse caso, é necessário desmontar toda a parte inferior do notebook para acessar a ventoinha. Após aberto, é possível identificar se uma simples limpeza resolve o problema ou se é necessário substituir o componente.

Memória RAM

Apesar de não ser um problema, a substituição da memória RAM por pentes mais potentes é comum para o técnico em informática, em virtude da constante solicitação de troca pelos usuários e clientes.

Em linhas gerais, para se acessar o compartimento no qual fica(m) o(s) pente(s), basta localizar na parte inferior do notebook uma tampa retangular, menor que a do HD, também presa por parafusos, e abri-la para trocar as memórias com o computador desligado. A diferença no encaixe das memórias, em comparação com o PC, é que o pente é inserido no respectivo encaixe inclinado em aproximadamente 45°, seguido pelo pressionamento até 90°. Após isso, ao ligar o computador, ele identificará a quantidade de memória e não precisará de outros ajustes.

As baterias também podem apresentar problemas, mas o recomendável é substituí-las por uma nova e original. Não há indicação dos fabricantes para que seja feita a manutenção na bateria para reaproveitamento.

Como citado no começo deste breve capítulo, o processo de detecção de problemas em notebooks é o mesmo que no PC, e os problemas mais comuns foram listados. Como há diversas marcas no mercado e muitas com garantia estendida, antes de desmontar qualquer equipamento verifique se ele está dentro do prazo de garantia e, caso esteja, priorize o envio à assistência técnica.

Parte II
Software

11
Setup

OBJETIVOS

- Entender a função de cada menu do Setup
- Configurar adequadamente o Setup

Configurações gerais

Quando falamos em BIOS, na realidade estamos nos referindo a três programas básicos que ficam armazenados em um chip de memória ROM situado na placa-mãe. Essa memória – comumente chamada ROM-BIOS –, apesar de ser memória ROM, pode ser regravada por meio de software, pois se trata de memória do tipo Flash ROM. Logicamente, esse recurso depende muito do ano de fabricação da placa-mãe, já que as placas mais antigas continham chips EPROM (Electronic Program ROM), regraváveis somente por meio da exposição de raios ultravioleta.

O fato de as memórias Flash ROM poderem ser regravadas por software permite que elas sejam facilmente atualizadas, possibilitando, assim, corrigir bugs (erros) dos BIOS mais antigos, resolver problemas crônicos do micro, adquirir suporte para novos dispositivos ou até mesmo melhorar o desempenho.

> Você poderá saber mais sobre a atualização do BIOS consultando o artigo de Willian Fonseca no site TecMundo, disponível em www.tecmundo.com.br/placa-mae/3537-aprenda-a-atualizar-o-bios-do-computador.htm. Acesso em 29-06-2016.

Os três programas que compõem a ROM-BIOS são BIOS, Post e Setup.

O usuário não pode interferir no BIOS. Já no Setup, sim. Ele foi feito para que o usuário defina hora e data e como o micro deverá funcionar, se terá senha de acesso, se terá HD, etc.

Embora algumas funções antes determinadas pelo usuário, como no caso dos drives IDE, sejam automatizadas pelos BIOS mais recentes, muitos parâmetros ainda precisam de um direcionamento do usuário para que o micro funcione corretamente e de modo otimizado.

Mas, a esta altura, cabe a seguinte pergunta: mesmo que o Setup esteja na memória ROM, é possível alterar suas opções?

Essa é uma dúvida muito comum e reflete a confusão dos usuários sobre o assunto, pois a memória Flash ROM pode ser regravada, mas não facilmente. É necessário um programa específico para isso. Para que o usuário possa interagir facilmente com o Setup, é preciso que as alterações feitas sejam armazenadas em uma memória do tipo RAM, que é de fácil regravação.

Essa memória RAM é armazenada em um chip chamado CMOS (*complementary metal-oxide semiconductor*).

Mas a respeito disso há um fato importante: a memória RAM é volátil, ou seja, se não houver energia, seu conteúdo se perde. Então, cada vez que se desligar o micro, serão perdidas as configurações antes feitas no Setup. Para que isso não aconteça, o chip CMOS é constantemente alimentado por uma bateria.

Se a bateria acabar, deverá ser trocada, e o Setup, novamente reconfigurado. Quando a bateria está fraca (abaixo de 2 V DCV), frequentemente ocorrem erros de checksum ou os HDs não são reconhecidos, ou mesmo o micro para no boot e pede para entrar no Setup, para reconfigurá-lo. É claro que se deve trocar primeiramente a bateria e só depois fazer modificações no Setup. Quanto ao erro de checksum, trata-se, na realidade, da constatação de problemas na verificação do BIOS nessa memória. O que o checksum faz é simplesmente verificar se os valores que estavam gravados na CMOS estão realmente lá. Se houver algum erro (no caso, dados perdidos devido à bateria fraca), aparecerá na tela o aviso de checksum error. Então, o usuário deverá reconfigurar o Setup.

Um recurso muito utilizado por técnicos e usuários mais experientes ao fazer mudanças no Setup que ocasionam erros no micro, ou mesmo após um overclock malsucedido, é zerar a CMOS, ou seja, fazê-la voltar à configuração original de fábrica.

O procedimento de zerar a CMOS – comumente chamado clear CMOS ou CCMOS – pode ser feito simplesmente retirando-se a bateria que a alimenta durante alguns segundos. Na maioria das placas-mãe também existe um jumper que, ao ser mudado de lugar, produz o mesmo efeito. A localização desse jumper na placa e o modo de jumpeamento estão especificados no manual da placa-mãe.

Nem todos os parâmetros de configuração são aqui abordados, pois as opções que podem ser encontradas são muitas, e dependem da versão do BIOS de cada placa-mãe. Alguns parâmetros servem para melhorar sensivelmente o desempenho da máquina, outros são uma verdadeira mão na roda para descobrir e solucionar problemas. Saber empregá-los corretamente vai depender da perspicácia do técnico ou usuário. É bom lembrar que alterações no Setup devem ser feitas sempre com critério e responsabilidade. Portanto, não devemos mexer no Setup se não soubermos exatamente o que estamos fazendo.

Opções do Setup

Para explicar algumas funções do Setup, utilizaremos como base a placa M810, muito comum no mercado brasileiro.

O Setup da M810 é acessado teclando-se *Del*, ou *Delete*, ao ligar o micro. Alguns Setups, como os existentes em alguns modelos da Compaq, são acessados pela tecla *F10*. Existem outros, para os quais se deve apertar a tecla *Ins* (ou *Insert*), *F1*, *F8*, *F2*, etc. De qualquer modo, geralmente na tela de *Post* (na qual ocorre a contagem da memória) aparece uma mensagem indicando que tecla deve ser pressionada para entrar no Setup. Se o micro não exibir nenhuma mensagem indicando a tecla de acesso ao Setup, recomenda-se consultar o manual da respectiva placa-mãe, ou então entrar no site do fabricante e consultar a documentação.

A tela de entrada da M810 exibe as seguintes opções:

- *Standard CMOS Setup*;
- *Advanced Setup;*
- *Power Management Setup;*
- *PCI/Plug and Play Setup;*
- *Load Optimal Settings;*
- *Load Best Performance Settings;*
- *Features Setup;*
- *CPU PnP Setup;*

- *Hardware Monitor;*
- *Change Password;*
- *Exit.*

Dependendo da versão do BIOS da placa-mãe, poderemos encontrar outras opções, tais como:

- *BIOS Features Setup;*
- *Chipset Features Setup;*
- *Standard CMOS Setup* ou *IDE HDD Auto Detection;*
- *Integrated Peripherals;*
- *Power Management.*

A seguir, descreveremos com mais detalhes a configuração de cada opção da M810.

Standard CMOS Setup

Essa opção é praticamente obrigatória e muito simples de configurar. É nela que será ajustada a data, a hora, o reconhecimento dos HDs e do CD-ROM. O reconhecimento dos dispositivos IDE (HDs e CD-ROM) é feito teclando-se *Enter*. Se quisermos fazer um reconhecimento de todos os dispositivos IDE de uma vez só, devemos teclar *F3*. Isso equivale à opção *IDE HDD Auto Detection* de algumas placas-mãe. Em muitas placas-mãe atuais, esse procedimento não é mais necessário. O reconhecimento dos dispositivos IDE é feito automaticamente, sem intervenção do usuário. Já em alguns micros mais antigos era necessário o reconhecimento dos drives IDE por meio da opção *IDE HDD Auto Detection*.

> Se seu micro for um desses antigos e você não conseguir configurar o HD pelo item no *Standard CMOS Setup*, tente a opção *IDE HDD Auto Detection*.

Em alguns Setups, existe o item *Vídeo*. Nesse caso, deve ser deixado na opção *EGA/VGA*, que é o padrão para os vídeos atuais. Também é muito comum encontrar o item *Halt on*. Ele tem a particularidade de travar o boot do micro se houver algo errado com a opção escolhida. As opções mais comuns são: *All errors* (para o boot com qualquer tipo de erro), *No errors* (não para o boot, mesmo se houver problemas) e *All but keyboard* (para em qualquer erro, exceto nos erros no teclado). É interessante deixar na opção *All errors.*

Advanced Setup

Trata-se de outra opção na qual o usuário ou técnico poderá definir a sequência de boot e fazer algumas configurações mais avançadas. Deve-se ressaltar que, nos Setups de outras placas-mãe, essa opção pode ser chamada *BIOS Features Setup* ou *Advanced CMOS Setup*.

Em seguida, descreveremos os diversos itens da opção *Advanced Setup* que deverão ser configurados.

Trend ChipAway Virus

Em alguns Setups, esse item denomina-se *Virus Warning* ou *Antivirus Protection*. Existem vírus que reescrevem o setor de boot dos HDs. Esse item, se habilitado, alertará o usuário se algum programa tentar escrever no setor de boot. Podemos deixá-lo habilitado, caso usemos o micro normalmente. Entretanto, nas ocasiões em que se fizer alguma partição, instalação de sistemas operacionais como Windows ou Linux, que reescrevem a MBR, ou uso de programas de diagnóstico de HDs, devemos desabilitar essa opção, caso contrário, o *Trend ChipAway Virus* entenderá que é um vírus que está tentando escrever na MBR (afinal, vírus também é um programa, e, portanto, o Setup não tem capacidade de diferenciá-lo de um software).

> A proteção do item *Trend ChipAway Virus* vale somente para as interfaces IDE onboard. Se você tiver um HD SCSI ou uma interface IDE em uma controladora à parte, essa proteção antivírus de nada valerá.
> É de suma importância ressaltar que, apesar de ser um meio de proteção para a MBR, o *Trend ChipAway Virus* não protege os arquivos nem o sistema instalado no HD, ou seja, a instalação do antivírus é primordial, bem como sua constante atualização.

Quick Boot

Também chamada, em outros Setups, de *Quick Power on Self Test*, essa opção tem a função de evitar que se faça um teste mais rigoroso dos componentes no boot do micro. Quando está desabilitada, nota-se claramente um atraso no boot, devido à quantidade de testes de memória, que aumenta. Só deve ser desabilitada logo após a montagem do micro, na instalação de algum componente, ou quando se constatar algum problema de hardware, ou ainda se o HD é muito antigo e demora para acordar e seu Setup não tem o item *Delay IDE Initial* (que veremos mais adiante). Fora tais possibilidades, esse item deve ser deixado habilitado para que o boot seja mais rápido.

First Boot Device, Second Boot Device, Third Boot Device

É nessa opção que definimos qual o dispositivo a dar o boot. Devemos escolher os dispositivos pela sequência. Por exemplo, queremos que o micro procure o boot primeiramente no drive de CD-ROM; se não houver CD-ROM no drive, que procure boot no HD, de modo que os itens fiquem assim configurados:

- *First Boot Device: CD-ROM;*
- *Second Boot Device: IDE-0.*

Mas, para que isso aconteça, o item *Try Other Boot Device*, que vem logo após esses itens, deve estar habilitado. Caso contrário, o micro buscará o boot somente no drive de CD-ROM e, se não houver CD "bootável" nele, o micro suspenderá a atividade.

Vale ressaltar que o drive IDE-0 é o primeiro disco da interface IDE, o IDE-1 é o segundo, e assim por diante.

Em outros Setups, esse item pode ser chamado *Boot Sequence* e geralmente vem com ordens para se escolher a sequência, como *Hard Drive (SATA HDD)*, *CD/DVD (SATA*

CD/DVD), *USB HDD* (*Flash Disk*); ou *CD/DVD*, *Hard Drive*, *Network Controller*. Notemos que *Hard Drive* é o HD instalado geralmente na interface SATA0; *CD/DVD* é a unidade de DVD instalada geralmente na SATA1; *USB HDD* é o pen drive conectado numa porta USB; e o *Network Controller* é o adaptador de rede.

SMART for Hard Disks

Também conhecida como *HDD SMART Capability*, essa opção deve estar sempre habilitada. SMART, no caso, é a sigla de Self-Monitoring Analysis and Reporting Technology. Como o próprio nome sugere, trata-se de um automonitoramento que os HDs mais atuais podem fazer para reportar situações críticas de seu estado, alertando o usuário antes que seja tarde demais. Mas essa opção é uma ferramenta de ajuda, e não uma solução divina. Portanto, não podemos pensar que, habilitando essa opção, ela possa nos avisar com 100% de certeza que nosso HD vai parar de funcionar.

Boot Up NumLock

Se quisermos que o teclado numérico funcione logo após o boot, deveremos deixar esse item em *On*. Caso contrário, deixaremos em *Off*.

Password Check

É nesse item, também chamado *Security Option*, que escolhemos se a senha definida no item *Change Password* (que veremos mais adiante) será utilizada somente para entrar no Setup (opção *Setup*) ou ao ligar o micro (*Always* ou *System*).

É importante observar que esse item só tem alguma utilidade para o usuário que inserir a senha no item *Change Password*. Caso contrário, será possível entrar no Setup ou sistema sem nenhuma senha. É verdade que a definição de uma senha para o sistema dificultará o acesso local por parte de estranhos. Mas cabe dizer que, se alguém com um mínimo conhecimento de hardware quiser entrar de qualquer maneira em nosso sistema localmente, poderá fazê-lo se abrir o micro e zerar o CMOS (clear CMOS).

Boot to OS/2 > 64MB

Esse item é para aqueles poucos usuários do OS/2 e cujo micro tenha mais de 64 MB de memória. Nesse caso, é necessário mantê-lo habilitado, pois o OS/2 trabalha a memória acima de 64 MB de um modo diferente. Se o sistema operacional não é OS/2, esse item deve ficar desabilitado.

L1/L2 Cache

Trata-se de um item no qual as caches L1 e L2 podem ser habilitadas ou desabilitadas. Os processadores atuais, desde o Pentium II, vêm com a cache L2 integrada. Os mais recentes trazem a L2 integrada ao die. Se desabilitarmos essa opção, o desempenho do micro cairá absurdamente, tornando-se quase inutilizável.

Essa opção pode ser extremamente útil para diagnosticar defeitos. Por exemplo, se o micro trava constantemente ou está extremamente instável, pode-se desabilitar a cache para verificar se ele para de apresentar problemas. Nesse caso, poderemos isolar o problema com eficácia. De qualquer modo, se o problema da cache for em um processador mais moderno, será necessário trocá-lo.

Nas placas mais antigas, como as de soquete super 7, a cache L2 ficava na placa-mãe, e somente a L1 pertencia ao processador. Se nos depararmos com um micro desse tipo e que esteja com problema, ao desabilitarmos a cache L2 e ele deixar de apresentar problema, teremos de trocar o pente de memória cache (chamado memória Coast). Se a memória cache L2 for soldada, deveremos desabilitá-la definitivamente.

System BIOS Cacheable

Ao lado dessa opção existe também a opção *Video BIOS Cacheable*. As duas devem ser mantidas desabilitadas, a não ser para usuários do MS-DOS. Sua função é copiar o conteúdo do BIOS da placa-mãe (no caso da *System BIOS Cacheable*) ou da placa de vídeo (no caso da *Video BIOS Cacheable*) na memória RAM, notadamente a cache L2. Nos sistemas DOS, essa opção realmente permite um ganho de desempenho considerável, mas, para quem usa sistemas como Linux e Windows, não melhora em nada.

Power Management Setup

Nessa opção, o usuário poderá fazer configurações de gerenciamento de energia do sistema, determinando se, após algum tempo sem atividade, o micro poderá desligar seus discos rígidos, monitor, ou mesmo entrar em estado de inércia quase total (hibernação), em que até o cooler do processador é desligado. Mas, nas configurações atuais, esse item perdeu muita importância. É que os sistemas operacionais mais utilizados hoje, como o Linux e o Windows, podem ser perfeitamente configurados para gerenciar a energia do computador, não havendo necessidade de especificá-los por meio do Setup.

Existem alguns itens dessa opção nos quais o usuário pode determinar se o micro poderá ligar ao receber algum sinal por modem, como uma chamada telefônica, por exemplo.

A seguir, veremos os principais itens a ser configurados.

Power Management

É de suma importância que esse item seja configurado para que alguns sistemas, como o Windows 2000, o Windows XP e o Linux, e até mesmo placas-mãe como a M810, possam funcionar perfeitamente bem.

Portanto, o usuário não pode deixar de dar atenção a esse item, porque é ele que especificará se o micro poderá trabalhar com *ACPI* ou não. Também existem outras opções, como a *APM* ou a *APM/ACPI*, mas é a *ACPI* que deve ser levada em conta, porque, ao ser habilitada, sistemas operacionais como o Windows 2000, o Windows XP e o Linux poderão trabalhar sem maiores problemas, principalmente se a placa em questão for ATX. Placas-mãe como as do tipo M810 precisam ter a opção *ACPI* habilitada, para que possam trabalhar bem, e até mesmo com desempenho ótimo.

Ring on Power On

Essa opção é para o usuário que deseja ter uma secretária eletrônica ou um fax-modem ativos no micro, mas não quer que eles permaneçam o tempo todo ligados. Ao receber algum sinal da linha telefônica, o micro acorda e poderá receber a chamada.

RTC Alarm Power on/Date/Hour/Minute/Second

Sua função é deixar o micro desligado, mas agendado para ligar em determinada hora ou dia. É um ótimo recurso para tarefas agendadas.

Standby Time Out e Suspend Time

Esses itens servem para deixar o micro em estado de espera e suspenso, respectivamente, após determinado tempo preestabelecido. O item *Display Time Out* serve para desligar o monitor após determinado tempo, e o *Hard Disk Time Out*, para desligar os HDs. Como sempre, lembramos que tais opções podem ser configuradas facilmente nos sistemas operacionais utilizados atualmente.

PCI/Plug and Play Setup

Plug and Play Aware O/S

O interessante, nesse item, é que o usuário pouco experiente (e até muitos com experiência) pode ser levado a pensar que é recomendável deixá-lo em *Yes*, pois os sistemas atuais são plug-and-play. E até mesmo alguns manuais recomendam deixá-lo como tal. Mas, na prática, a coisa é bem diferente e tem revelado o contrário.

Quando deixamos esse parâmetro em *Yes*, todas as configurações de IRQ, DMA e endereços de I/O são gerenciadas pelo sistema operacional. O BIOS não se intromete. Isso pode gerar erros e conflitos, porque, por incrível que pareça, o BIOS tem um controle melhor sobre tais parâmetros. Ao deixarmos o parâmetro em *No*, o BIOS é que irá gerenciar as configurações e repassá-las prontas ao sistema operacional, reduzindo drasticamente o risco de conflitos ou problemas. Então, antes de instalar o sistema operacional, é melhor deixar essa opção em *No*.

Share Memory Size

Parâmetros como esse são comuns em placas-mãe com vídeo onboard. Por meio dele, pode-se escolher a quantidade de memória do sistema que será roubada para o uso da memória de vídeo.

Primary Graphics Adapter

Nesse item, poderemos escolher qual placa de vídeo poderá ser iniciada primeiro. Opções *AGP* ou *PCI*.

Allocate IRQ for PCI VGA

Se a placa de vídeo, obrigatoriamente, requer uma IRQ reservada para seu funcionamento, deve-se habilitar essa opção.

Load Optimal Settings

Em muitas placas-mãe, essa opção pode vir como *Load BIOS Defaults* ou *Load Fail – Safe Defaults*. Ao carregar essa opção, o Setup será configurado com as opções mais apropriadas para que o micro trabalhe sem falhas. Em compensação, o micro terá seu desempenho drasticamente reduzido. Sendo assim, somente devemos carregá-la se precisarmos isolar algum problema ou se o micro estiver extremamente instável. Ao carregar essa opção (é só teclar *Enter*), ele nos pedirá uma confirmação (*Y* ou *N*) para que a alteração seja efetuada.

É importante observar que essa opção altera toda a configuração do Setup, exceto do *Standard CMOS Setup*.

Load Best Performance Settings

Na maioria dos micros, essa opção chama-se *Load Setup Defaults* ou *Load Optimized Defaults*. Essa opção é útil para o usuário ou montador com pouca experiência em otimização no Setup, pois com ela o micro carregará uma configuração predeterminada a fim de obter melhor desempenho. É claro que os conhecedores dos segredos do Setup de sua placa-mãe poderão descartar essa opção e fazer seus próprios ajustes. Porém, é sempre bom marcá-la antes de mexer no Setup, dessa forma, poderão pré-configurá-lo de um modo ótimo.

Como no caso do item anterior, feita a opção, ele pede uma confirmação (*Y* ou *N*).

Como em *Load Optimal Settings*, essa opção também altera toda a configuração do Setup, com exceção do *Standard CMOS Setup*.

Features Setup

Trata-se de uma opção na qual podemos configurar alguns parâmetros para os periféricos conectados no sistema.

Onboard Serial Port

Esse item permite ao usuário determinar se a porta serial será habilitada ou não. Uma vez habilitada, podemos determinar o endereço de I/O e IRQ. O default (padrão) é para Serial 1 = 3F8h/IRQ4 e Serial 2 = 2F8h/IRQ3.

Existem alguns Setups nos quais podemos verificar que as opções são *COM1*, *COM2*, etc.

> Apesar de existir a opção *Auto*, na qual a escolha dos endereços é feita automaticamente, dê preferência ao default do Setup.

Onboard Parallel Port

Esse parâmetro tem a função de habilitar ou desabilitar a porta paralela do micro, bem como definir um endereço para ela. O default é 378h.

Parallel Port Mode

Esse item serve para definir o modo de operação da impressora instalada na porta paralela. O modo normal é o mais antigo e lento. Geralmente, em vez da opção *Normal*, podemos encontrar a opção *SPP*, que equivale à opção *Normal*. Os modos *ECP* e *EPP* são mais rápidos e eficientes. De todos, o mais eficiente é o *ECP*, pois ele possibilita o uso de um canal DMA, diminuindo a carga sobre o processador. Existem Setups com a opção *ECP+EPP*, que é um misto dos dois modos.

Sempre dê preferência ao modo *ECP* ou *ECP+EPP*, a não ser que sua impressora seja antiga e não consiga trabalhar em nenhum desses modos.

Parallel Port IRQ

Se a porta paralela estiver habilitada nos dois itens anteriores, devemos definir uma IRQ para ela. Na maioria dos Setups, há somente duas opções: 5 ou 7. A preferência deve ser para a IRQ 7, pois algumas placas de som usam a IRQ 5.

Parallel Port DMA

Caso tenhamos definido o modo *ECP* ou *ECP+EPP* no item *Parallel Port Mode*, devemos escolher um canal DMA para ela. O default é 3.

Onboard Game Port

Essa opção é comumente encontrada nas placas-mãe com som onboard (ver adiante o item *AC'97 Sound*). Geralmente, as placas vêm com uma porta onboard para conectar joysticks. Esse item serve justamente para habilitá-la ou desabilitá-la. Como no caso de outras portas, devemos designar-lhe um endereço de I/O.

Onboard MIDI Port

O procedimento, nesse caso, é o mesmo do item anterior. Se quisermos trabalhar com instrumentos musicais, deveremos habilitar essa opção, desde que o som onboard esteja habilitado. Como no caso de outras portas, devemos definir para ela um endereço de I/O.

MIDI Port IRQ

Como o próprio nome sugere, define-se nesse item um endereço IRQ para a porta MIDI.

Onboard PCI IDE

Praticamente todas as placas-mãe atuais têm controladora IDE onboard, para que se conectem HDs, CD-ROM, etc.

Nesse item, poderemos habilitar a controladora primária, secundária, ou ambas (opção *Both*). Esse parâmetro só deve ser desabilitado se o padrão de HDs é SCSI ou se a controladora é PCI, caso contrário deve permanecer habilitado.

AC'97 Sound

O chip de áudio da M810 é o AC'97. Portanto, é esse item que deve ser habilitado, caso queiramos usar o som onboard.

Como já vimos em itens anteriores, para usar as portas de game e MIDI onboard, o som onboard também deve estar habilitado.

Se sua placa-mãe usa outro chip, você deve verificar qual é. Mas essa não é uma tarefa difícil, pois geralmente nos Setups a opção vem especificada como *Sound Onboard*.

AC'97 Modem

Esse parâmetro deve ser habilitado, pois é ele que habilita ou desabilita o modem.

Como no caso do som, em outras placas que não sejam do tipo M810 poderão ser encontrados parâmetros como *Modem Onboard*.

> Se você prefere usar um modem offboard, antes de espetá-lo na placa, esse item deve ser desabilitado.

Onboard LAN

Como nos itens do som e do modem, esse parâmetro serve apenas para habilitar ou desabilitar a placa de rede onboard.

Em alguns Setups, esse parâmetro pode vir como *Onboard MAC*, ou algo parecido.

Vale lembrar que esse item, assim como no caso de modems ou som, só existirá se a placa-mãe vier com os mesmos dispositivos onboard.

> Se você tem uma placa de rede para espetar em sua placa-mãe, desabilite esse item antes, a não ser que queira usar duas placas de rede.

USB Function Support

A função desse parâmetro é habilitar a controladora USB. Geralmente, ele permanece desabilitado se o usuário não utiliza dispositivos USB, caso contrário, deve ficar habilitado.

USB Function for DOS

Esse parâmetro habilita o teclado USB também em DOS. Muitos usuários costumam deixá-lo desabilitado, pois não veem função para ele. Como no caso do parâmetro *USB Function Support*, é recomendável habilitá-lo, porque, se acontecer o grande azar de queimar a porta comum do teclado, será possível usar um teclado USB no sistema operacional.

Se essa função estiver desabilitada, o usuário simplesmente não conseguirá mudar os parâmetros do Setup, porque o teclado não funcionará nele.

CPU PnP Setup

Nessa opção, define-se manualmente a frequência do processador e das memórias. É evidente que uma placa-mãe como a M810 não tem muitos recursos e nem foi feita para isso. De qualquer modo, essa opção pode servir de parâmetro para o usuário ao verificar a voltagem, a frequência, etc.

CPU Brand/Type/Core Voltage/Ratio/Frequency

Refere-se, respectivamente, ao tipo de processador, à voltagem do core, à taxa de multiplicação para alcançar frequência interna e ao FSB.

CPU Speed e Dram Frequency

Respectivamente, frequência interna do processador e frequência de trabalho da memória.

Como se pode ver, é muito simples. Tão simples que nem é muito adequado mexer nesses parâmetros. Existem placas-mãe que têm muito mais itens, nos quais se podem fazer ajustes finos.

Hardware Monitor

Essa opção, que em algumas placas se chama *PC Health Status*, fornece a temperatura do processador e do sistema, a velocidade de rotação das FANs (coolers) ligadas à placa-mãe e às voltagens da fonte.

Atualmente, existem muitos programas de monitoramento que rodam no sistema, fazendo com que o usuário não tenha necessidade de reiniciar para entrar no Setup e verificar o estado do sistema. De qualquer modo, é muito importante a existência dessa opção.

Change Password

Essa opção, também chamada *Password Setting*, foi citada anteriormente em *Password Check*. Em *Password Check,* define-se onde a senha será pedida.

Em alguns Setups, existe a opção de remover a senha. Em algumas placas, existe até um jumper específico para removê-la. Mas, na grande maioria das placas-mãe, a senha é removida somente se dermos um clear CMOS, ou seja, se apagarmos (ou zerarmos) todas as configurações do Setup.

Exit

Em outros Setups, podemos encontrar mais algumas opções, como *Save & Exit Setup* (para salvar as alterações e sair do Setup) e *Exit Without Saving* (sair do Setup sem salvar as alterações).

> Você também poderá sair do Setup sem salvar nada, se teclar *Esc*. Ele lhe pedirá uma confirmação. Outro modo de sair do Setup salvando as alterações é teclar *F10*.

Opções de Setups antigos

BIOS Features Setup

CPU L2 Cache ECC Checking

Todos os processadores Intel a partir do Pentium II de 350 MHz e todos os AMD Duron e Athlon em diante têm uma função de correção de erros na cache L2, muito parecida com o ECC que existe em alguns pentes de memória. Essa função verifica a ocorrência de erros, o que aumenta a estabilidade no sistema. Por isso, é altamente recomendável que esse item fique habilitado, pois a perda de desempenho é praticamente nula.

IDE HDD Block Mode

Esse item era mais importante algum tempo atrás, devido à limitação de alguns HDs. O *Block Mode* melhora o desempenho, pois a troca de informações entre o HD e o processador é feita em blocos, sendo, por isso, mais acelerada. Essa opção deve ser desabilitada somente se o HD for muito antigo e não suportar esse modo.

Gate A 20 Options

A opção, nesse caso, é *Fast*, porque é a aceitável atualmente. Antigamente, o acesso à memória acima de 1 MB era controlado em um chip existente no teclado. Hoje, essa linha de memória é controlada em um chip da placa-mãe, muito mais eficiente. Daí a escolha *Fast*, para obter um bom desempenho.

Typematic Settings

Para um usuário de Linux, Windows, FreeBSD, ou qualquer sistema atual, esse parâmetro não tem utilidade nenhuma, devendo permanecer desabilitado. Sua finalidade é controlar a taxa de repetição do teclado, sendo útil somente para DOS. Se o deixarmos habilitado, teremos de definir a taxa de repetição e delay (atraso) nos itens *Typematic Rate* e *Typematic Delay*, colocando aí os valores devidos.

PCI/VGA Palette Snoop

Esse item deve ficar desabilitado, a não ser que encontremos problema de troca de cores ou efeitos estranhos na tela. Caso tenhamos uma placa de captura de vídeo ou MPEG (placas decodificadoras para DVD), pode ser necessário habilitar essa opção se a placa de captura estiver ligada à placa de vídeo por meio do conector chamado Feature Connector. Em micros antigos, que utilizam placa de vídeo conectada a uma placa aceleradora (muito comum algum tempo atrás), provavelmente será preciso habilitar essa opção. Sempre lembrando que isso só será necessário caso surjam problemas de exibição no vídeo.

Delay IDE Initial

Esse parâmetro tem a função de ocasionar um atraso no boot, e pode ser configurado em segundos. Isso era vital para alguns HDs antigos, que não conseguiam atingir sua velocidade de rotação adequada no final do boot, ocasionando erros, pois o disco ainda não estava preparado. A solução, portanto, foi acrescentar alguns segundos (causando o atraso) para que o HD pudesse se preparar.

Se temos um Setup com esse parâmetro e o sistema acusa erros frequentes de reconhecimento de HD, devemos usar essa opção para atrasar o boot. Se o problema de nosso HD for devido à rapidez do boot, uma simples alteração no tempo será suficiente para solucioná-lo.

Pode ser que o HD apresente esse problema e o Setup não tenha essa opção. Uma alternativa é deixar o *Quick Power* desabilitado, fazendo com que o boot demore mais tempo. Outra opção é determinar que o HD seja o último dispositivo na ordem do boot, por exemplo, deixando a *Boot Sequence* em A, CD-ROM, C.

Se o HD é novo, recomenda-se deixar essa opção desabilitada ou em 0 (zero).

Video BIOS Shadow e System Bios Shadow

Podemos dizer que hoje esses dois parâmetros não têm muita utilidade, devendo permanecer preferencialmente desabilitados, apesar de o default ser *Enable* (habilitado). Eram importantes antigamente, quando se utilizavam sistemas como DOS e Windows 3.11.

O que essa opção faz é copiar respectivamente o conteúdo da memória ROM da placa de vídeo e do sistema para a memória RAM. A ideia, na época, era melhorar o desempenho dos programas que acessavam a ROM. Como atualmente os sistemas não têm mais necessidade de acessar o BIOS das placas de vídeo ou do sistema, pois os drivers já fazem a comunicação com o hardware, essas opções perdem a utilidade.

É provável encontrarmos alguns itens, como *C8000-CBFFF Shadow* e *CC000-CFFF Shadow*, mas essas opções só devem ser utilizadas ao instalarmos placas nas quais o fabricante declara explicitamente a necessidade de ativação desses parâmetros.

PS/2 Mouse Function Control

Essa opção deve ficar habilitada se a placa-mãe tiver uma porta PS/2 e o mouse a ser conectado nela for desse tipo. Se o mouse for serial, essa função deverá ficar desabilitada.

BIOS Update

Esse item é extremamente útil e importante e tem uma função simples, que é habilitar ou não a gravação no BIOS. Hoje, devido às memórias Flash ROM, atualizar o BIOS tornou-se um procedimento corriqueiro e até imprescindível, porque novas tecnologias e dispositivos, como processadores e HDs, requerem constantemente essa atualização. Muitas vezes nos vemos ante a necessidade de atualizar o BIOS para que nossa máquina possa suportar um dispositivo novo, corrigir bugs, suportar um processador mais atual, etc.

Por outro lado, devido a essa facilidade de gravação no BIOS, alguns vírus podem fazer um tremendo estrago. Um bom exemplo disso é o Chernobyl, que causa uma grande dor de cabeça aos usuários.

Aí é que entra a função desse item, porque, deixando-o desabilitado, podemos impedir que sejam feitas gravações indevidas no BIOS. Quando quisermos fazer uma atualização de BIOS, devemos ter o cuidado de deixar essa função habilitada. Após a atualização, ela deve ser desabilitada novamente.

PCI Clock

Nesse item, podemos definir o FSB de modo que se faça uma divisão, a fim de que o barramento PCI não fique acima dos 33 MHz. No caso, por exemplo, de um FSB de 100 MHz, para que o barramento PCI funcione a 33 MHz, a opção correta é *1/3*. Se o FSB é de 133 MHz, o ideal é escolher *1/4*. Sabendo definir corretamente esse item, poderemos conseguir índices de FSB mais altos, e, consequentemente, aumentar o desempenho em overclock sem danificar o barramento PCI.

AGP CLK/CPU CLK

Item muito semelhante ao *PCI Clock*, é utilizado para o barramento AGP. A forma de manipulação é parecida, mas devemos observar que o barramento AGP é de 66 MHz.

Chipset Features Setup

DRAM Timing by SPD

É nesse item que deve ser definido se os pentes de memória podem ser automaticamente reconhecidos por meio de seu chip SPD. Trata-se de um chip minúsculo, localizado na extremidade do pente. Nele estão gravadas todas as características da memória.

É altamente recomendável deixar essa opção habilitada ou em *By SPD*. Se quisermos fazer as configurações manualmente, devemos deixar esse item desabilitado. Assim poderemos definir livremente os cinco próximos itens.

DRAM Clock

Nesse item, podemos definir frequências de trabalho mais altas para a memória.

SDRAM CAS Latency

Se nosso pente de memória suportar, poderemos diminuir o tempo de latência para envio de dados da memória. Para memórias SDRAM, podem-se definir 3 ou 2; para DDR SDRAM, 2,5 ou 2. Quanto menor for o tempo, mais rápido o sistema ficará. Mas vale lembrar que, se nosso pente de memória não suportar, o sistema ficará extremamente instável.

SDRAM Cycle Time Tras/Trc

Esse é um ajuste fino para melhorar o desempenho. Como os itens anteriormente citados, se a memória não suportar, em vez de aumento de desempenho, o sistema ganhará instabilidade. Quanto mais baixa a opção, mais desempenho se poderá obter. Em compensação, quanto mais alto o parâmetro, mais estável o sistema.

SDRAM Leadoff Command

Como os itens antes citados, quanto mais baixo for o parâmetro, mais desempenho e menos estabilidade.

Delay DRAM Read Latch

Esse item define o tempo para que a memória forneça os dados para o processador. A opção que resulta em melhor desempenho é *No delay,* mas pode causar certa instabilidade. Se é esse o caso, pode-se colocar em *Auto*, ou então definir um valor. Quando nos deparamos com problema em alguns pentes de memória com chips nos dois lados, podemos tentar definir um valor nesse parâmetro, para que possam funcionar bem.

MD Driving Strength

Essa é outra opção que pode solucionar alguns problemas com módulos de memórias preenchidos de chips em ambos os lados do pente. Em caso de problema com esses módulos, recomenda-se experimentar a opção *Hi*.

DRAM Data Integrity Mode

Nesse item, encontramos duas opções: *ECC* ou *Non-ECC*. É um item muito importante em micros que têm memórias do tipo ECC (Error-Correcting Code). Essa memória, como o próprio nome sugere, detecta e corrige erros de 1 bit, proporcionando mais estabilidade à máquina. Se temos módulos desse tipo em nosso micro, devemos habilitar essa opção. Caso contrário, ela deve ficar desabilitada.

8 Bit I/O Recovery Time *ou* 16 Bit I/O Recovery Time

Trata-se de uma opção para usuários de micros antigos, com placas ISA. Sua função é determinar um atraso no barramento PCI, muito mais rápido que o barramento ISA.

Se temos um micro com esse parâmetro no Setup, mas não há placas ISA instaladas nele, é melhor deixá-lo desabilitado ou em *NA*. Por outro lado, se houver placas ISA instaladas e uma delas estiver dando problema, aumentando os ciclos de clock é possível resolver o problema. Como as placas ISA podem ser de 8 bits e de 16 bits (daí a nomenclatura dos parâmetros), fazemos a alteração para o parâmetro correspondente à placa ISA instalada (8 bits ou 16 bits).

Memory Hole At 15M-16M

Essa é mais uma opção referente a placas antigas, notadamente as de padrão ISA. Ela deve ser habilitada somente se o fabricante mencionar explicitamente a necessidade de ativação.

Passive Released

Mais outra opção muito comum em micros antigos. É fundamental para um melhor desempenho, pois permite que o micro acesse o barramento PCI ao mesmo tempo que o barramento ISA. Mas isso pode fazer com que o barramento ISA encontre problemas de sincronização, deixando a máquina instável. Se a máquina é antiga e existe esse tipo de problema, deve-se deixar essa opção desabilitada. Caso contrário, deve-se habilitá-la, pois ela melhorará a performance da máquina.

Delayed Transaction

Se houver placas ISA e PCI no micro e elas forem de especificação 2.1, esse item deverá estar preferencialmente habilitado, pois assim amenizará o problema da diferença de velocidade entre os dois barramentos. Caso as placas PCI não sejam 2.1, é melhor deixar esse item desabilitado.

32-bit Disk Access

Se houver essa opção em nosso micro, devemos deixá-la habilitada. Ela tem a função de determinar que as transferências de dados do HD para o processador ou a memória sejam feitas em palavras de 32 bits. Se estiver desabilitada, as transferências serão feitas em 16 bits.

AGP Aperture Size

Geralmente, as placas de vídeo AGP utilizam uma parte da memória do sistema para armazenar texturas. Esse item serve justamente para especificar a quantidade máxima de memória do sistema que será usada para isso.

Na realidade, o usuário não deve se preocupar tanto com esse parâmetro, só deverá ter o cuidado de não definir um valor muito baixo, porque alguns jogos podem não funcionar apropriadamente. Geralmente, o default é de 64 MB, o que pode ser mais que suficiente para a maioria das máquinas. Na realidade, as placas de vídeo atuais evitam deixar muita quantidade de memória por conta do sistema, porque isso reduz o desempenho.

Vale ressaltar que a quantidade de memória a ser definida nesse parâmetro, ao contrário do item *Share Memory Size* (para especificar a quantidade de memória do vídeo onboard), não rouba a memória do sistema, apenas reserva essa quantidade enquanto o aplicativo que for usá-la estiver em andamento, sendo liberada logo após o término das atividades.

PCI Master Pipeline Request

É aconselhável deixar esse item habilitado, pois melhora o desempenho. Ele ativa o suporte às transferências de modo pipeline entre o barramento PCI e o processador.

P2C/C2P Concurrency

Deixando esse item habilitado, tanto o processador quanto outra placa poderão ter acesso simultâneo ao barramento PCI, melhorando assim o desempenho.

Fast R-W Turn Around

Normalmente, quando o processador acessa a memória RAM para ler dados e escrever nela, há um atraso no sistema. Esse item serve para reduzir o atraso, melhorando o desempenho. Se o pente de memória do micro suportar esse processo, recomenda-se deixá-lo habilitado.

AGP 2X Mode *ou* AGP 4X Mode

O *AGP 2X Mode* é encontrado em placas mais antigas. Até algum tempo atrás, a maioria das placas AGP eram modo 1x, ou seja, possuíam barramento de 66 MHz. Com a evolução das placas AGP, logo chegaram ao mercado as de modo 2x (de 133 MHz). Para que algumas placas-mãe trabalhassem com placas 2x, esse item deveria ser ativado. O mesmo raciocínio é válido para o item *AGP 4X Mode*.

> Se você tem uma placa AGP que trabalha no modo 4x e sua placa-mãe a suporta, habilite esse item para que o desempenho seja ótimo.

AGP Driving Control

Trata-se de um item um pouco difícil de abordar, porque, dependendo da placa-mãe instalada no micro, pode ser necessário fazer um ajuste mais preciso, a fim de que possamos obter um rendimento máximo da placa de vídeo. Esse item permite determinar como o barramento AGP trabalhará com a placa de vídeo e o processador. Conforme a configuração desse sinal, o desempenho poderá melhorar. O default no Setup é *Auto*.

A opção *Auto* faz com que o Setup defina um valor que possa ser atribuído a todas as placas AGP, sem que haja problemas de compatibilidade. É evidente que não é a opção mais adequada para o usuário que deseja desempenho máximo, pois cada placa AGP tem suas particularidades.

Se quisermos, porém, arriscar o melhor desempenho possível, deveremos deixar a opção em *Manual* e escolher o valor adequado no parâmetro *AGP Driving Value*. Os valores são aí definidos em números hexadecimais, de 00h a FFh. Mas o grande problema começa exatamente aí. Esse valor deve ser no mínimo acertado, para que o sistema não seja prejudicado de forma sensível. E acertar, nesse caso, é difícil, uma vez que são escassas as informações dos fabricantes, referentes a valores adequados para obter rendimento máximo. Recomenda-se, portanto, deixar essa opção em *Auto*.

Fast Write Support

Esse item habilita o padrão AGP com suporte a Fast Write (escrita rápida). Devemos verificar no manual ou na documentação do fabricante da placa de vídeo se ela suporta esse modo. Em caso afirmativo, devemos deixá-lo habilitado. Se a placa não tiver suporte a Fast Write, esse item deve permanecer desabilitado.

PCI Master 0 WS Write

Habilitando esse item, não ocorrerá *wait state* (estado de espera) no barramento PCI. O *wait state*, como o próprio nome já diz, é um estado de espera do barramento PCI que existe antes de ele receber dados do processador. É recomendável habilitar essa opção para que a máquina melhore seu desempenho.

CPU to PCI Write Buffer

Essa é outra opção que deve ser deixada habilitada, se quisermos melhorar o desempenho da máquina. Habilitado, esse item fará com que a CPU fique livre para outras atividades, não precisando esperar até que os dados sejam transferidos para o barramento PCI.

AGP Master 1 WS Read e AGP Master 1 WS Write

Essa opção, se habilitada, fará com que o barramento AGP trabalhe somente com um estado de espera, para leitura (*AGP Master 1 WS Read*) ou para escrita (*AGP Master 1 WS Write*). Estando desabilitada, serão gerados dois estados de espera, o que reduz o desempenho, mas pode resolver problemas de instabilidade. Se não houver maiores problemas, recomenda-se deixar esses dois itens habilitados.

Integrated Peripherals

Force Update ESCD

ESCD é a área de memória do BIOS onde ficam guardadas as configurações de I/O, IRQs, etc. Toda vez que o micro é ligado, tanto o BIOS quanto o sistema operacional precisam dessas informações para que a máquina funcione corretamente.

Ao habilitarmos essa opção, a configuração antiga é reiniciada e refaz-se automaticamente uma nova configuração. É bom lembrar que, após a habilitação desse item e a reinicialização do sistema, ele volta a ficar *Disabled* (desabilitado). Isso é muito útil se nossa máquina apresentar problema crônico de conflito. Mas deve ser usado somente para resolução de problemas.

Resources Controlled By

Nesse item, podemos determinar se será o BIOS que se encarregará da definição dos endereços de IRQ e canais DMA. Normalmente, o usuário não controla isso.

É aconselhável deixar a opção em *Auto*, a não ser que o micro esteja com problema de conflito ou o fabricante da placa especifique claramente a reserva de um endereço IRQ ou um canal DMA. Se nos depararmos com um desses casos, é melhor deixar a opção em Manual e definir a IRQ ou DMA para a placa. Veremos, então, que ao lado da opção de IRQ ou DMA, poderemos definir PNP/PCI ou No/ICU (para placas PCI), ou ISA ou Legacy ISA (para placas ISA), colocando a opção correspondente.

Primary Master/Slave PIO Mode e Secondary Master/Slave PIO Mode

Esse item define o modo de transferência no qual os dispositivos IDE funcionarão. A seleção mais apropriada é *Auto*, para que o BIOS detecte corretamente o modo de transferência mais adequado. Se quisermos que nosso HD trabalhe em PIO2, PIO3 ou PIO4, é só definir a opção correspondente.

Primary Master/Slave DMA e Secondary Master/Slave DMA

Como no item anterior, essa opção deve estar em *Auto*, para que os dispositivos IDE trabalhem em modo DMA, caso suportem esse modo. Mesmo se não houver suporte à DMA por parte dos dispositivos, não haverá problemas, pois o BIOS detectará isso, daí a opção ser *Auto* e não *Enabled*.

PCI IRQ Activated By

Nesse item, há duas opções possíveis: *Edge* e *Level*. A primeira opção desativa o compartilhamento de IRQs para uma mesma placa PCI, e a segunda opção ativa esse recurso. Isso pode ser importante caso tenhamos um micro não muito recente, pois alguns periféricos PCI mais antigos não suportavam o compartilhamento de IRQs. Sendo assim, ativando a opção *Edge*, poderemos resolver tal problema.

Onboard IR Function

Esse item, que em algumas placas pode aparecer como *UART 2 Mode*, deve ser definido se tivermos algum dispositivo infravermelho. Caso contrário, devemos deixá-lo em *Disabled*.

As opções desse item, a princípio, podem parecer meio estranhas, mas na realidade trata-se do tipo de modulação utilizada pelo dispositivo, que pode ser IRDA, HPSIR ou ASK IR. Para saber o modo correto a ser definido, é preciso consultar o manual do dispositivo.

Duplex Select

Esse item permite definir se o dispositivo infravermelho vai trabalhar em *Half-Duplex* ou *Full-Duplex*. Isso dependerá do dispositivo em questão: se suporta ou não o *Full-Duplex*. Se não suportar, terá de ser configurado em *Half-Duplex*.

Power on Function

Nessa opção, podemos definir uma tecla ou um atalho do teclado para ligar o micro. Geralmente, encontramos opções como *Hot Key*, que serve para configurar um atalho do teclado para ligar o micro, e *Keyboard98*, para ativar a tecla do teclado que vem em alguns modelos e que serve justamente para ligar o micro.

Power Management

Power Supply Type

Se estivermos diante de uma placa-mãe que tenha dois conectores para fonte, AT e ATX, é nesse item que devemos especificar seu modo de uso.

CPU Overheat Warning Temperature

Geralmente, as placas-mãe têm um sensor no qual se verifica a temperatura do processador. Quando essa temperatura atinge níveis extremos, o processador pode ser danificado.

Nessa opção, define-se uma temperatura máxima para que o sistema dê um alarme, ou, no caso de algumas placas, até desligue a máquina. Recomenda-se usar criteriosamente esse parâmetro, verificando com o fabricante qual o nível máximo de temperatura que o processador pode suportar. Sabendo o nível, deve-se colocar uma boa margem de segurança. Por exemplo, se o processador aguenta 90 °C, é melhor definir esse parâmetro em 65 °C.

Anotações

12
Instalação do Windows 7

OBJETIVOS

- Formatar o HD durante o processo de instalação do Windows 7
- Fazer a instalação passo a passo do sistema operacional

Instalação do Windows 7

A partir do Windows XP, a instalação do sistema operacional ficou cada vez mais simplificada e automática. Com o Windows 7 não foi diferente.

Antes de qualquer coisa, altere a ordem de boot para o CD primário.

Coloque o CD do Windows e aguarde o carregamento dos arquivos (figura 1).

Figura 1.

Na tela seguinte (figura 2), clique em *Instalar agora*.

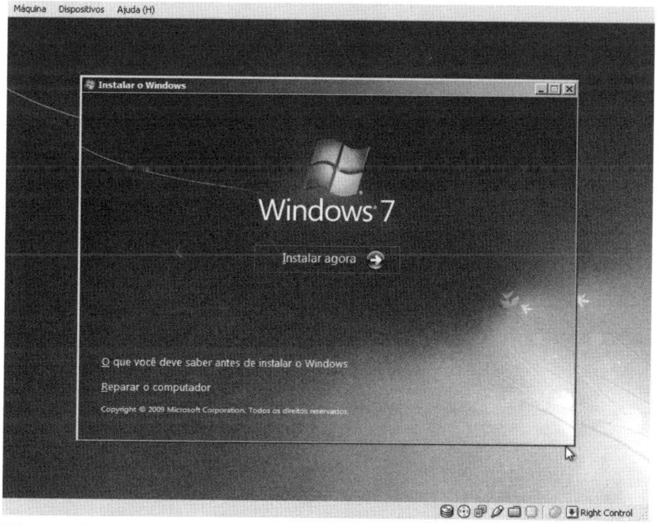

Figura 2.

A instalação será iniciada (figura 3).

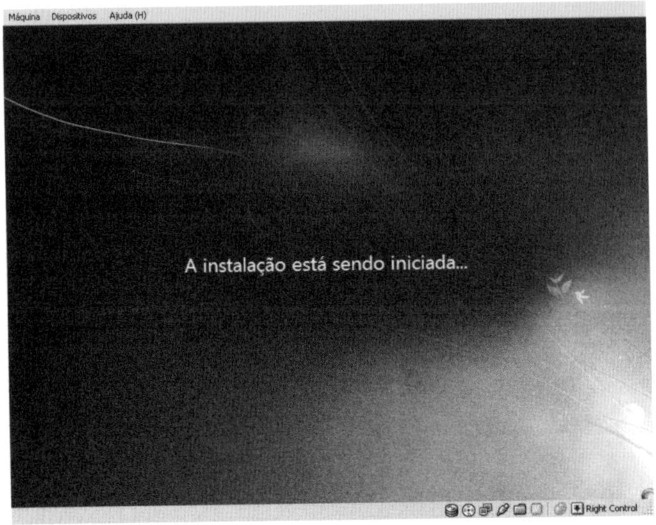

Figura 3.

A seguir, leia os termos da licença e clique na caixa *Aceito os termos da licença* (figura 4).

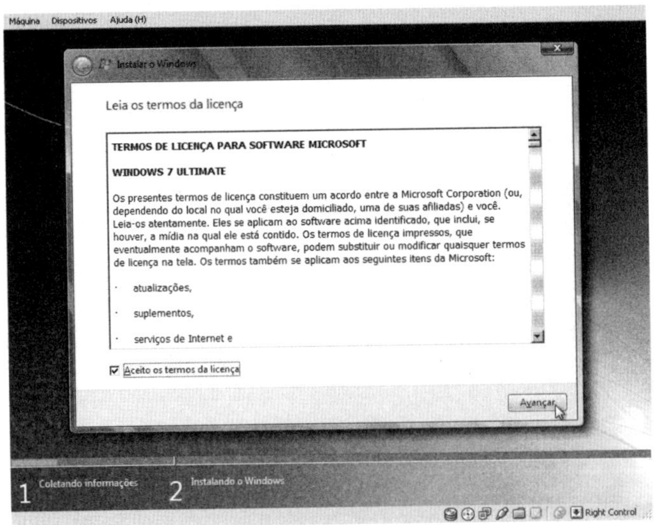

Figura 4.

Caso o computador já possua um sistema operacional instalado, na tela a seguir (figura 5) será possível optar pela atualização do sistema existente ou pela nova instalação (no nosso caso, faremos uma nova instalação).

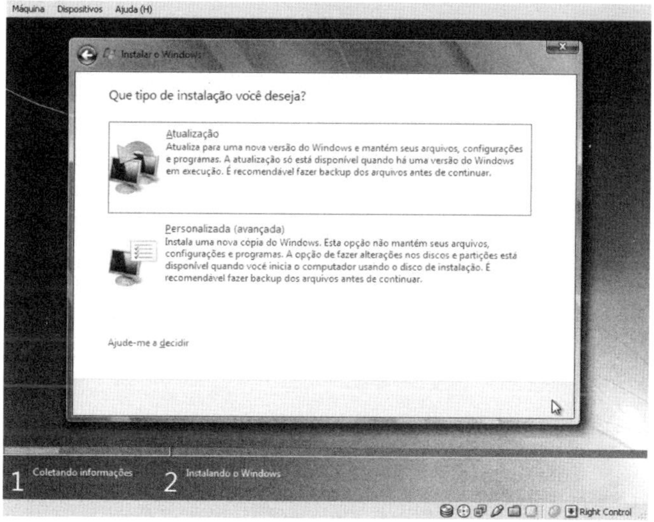

Figura 5.

Durante a instalação, é possível fazer o particionamento do disco; no nosso caso, criaremos uma unidade com 10 GB (figura 6), clicando em *Novo* (figura 7).

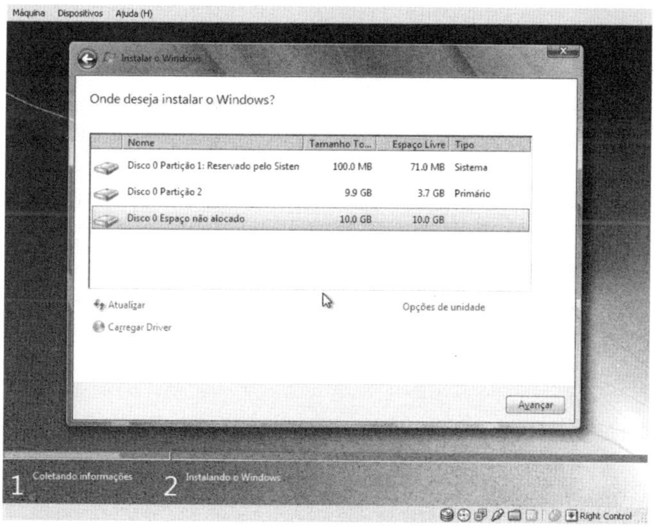

Figura 6.

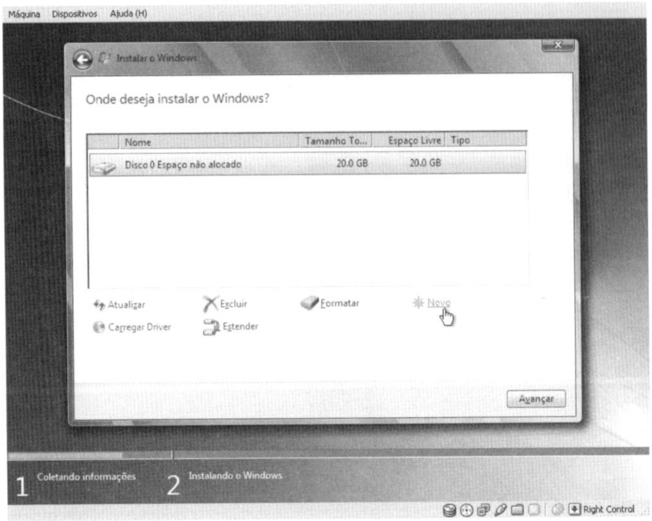

Figura 7.

No nosso exemplo, atribuindo o espaço de 10 GB, clicamos em *Aplicar* logo em seguida (figuras 8 e 9).

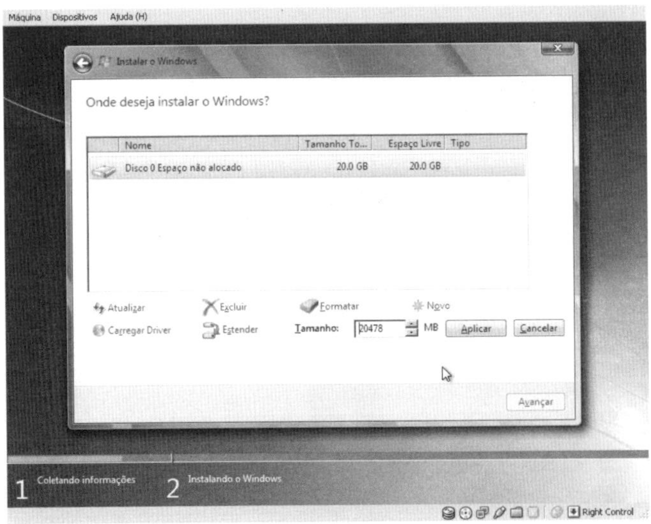

Figura 8.

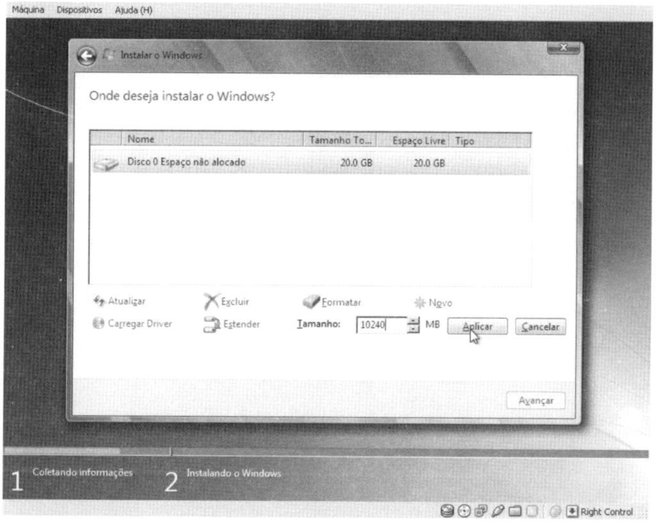

Figura 9.

Na tela seguinte (figura 10), o Windows emite um aviso informando que talvez ele possa criar partições adicionais para os arquivos de sistema. Clique em *OK* e, em seguida (figura 11), em *Avançar*.

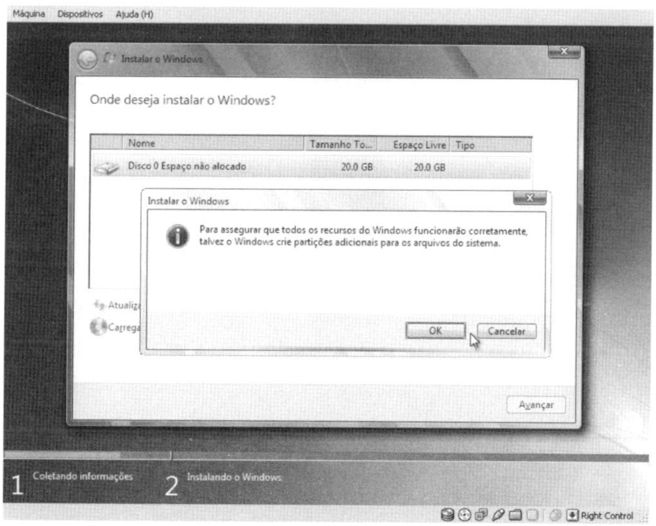

Figura 10.

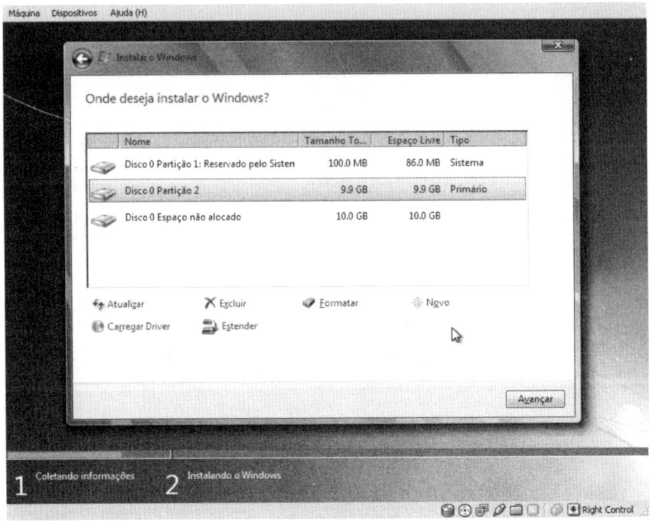

Figura 11.

O Windows começará a cópia dos arquivos, passando pela expansão dos arquivos, a instalação dos recursos, as atualizações, até sua conclusão (figuras 12 e 13).

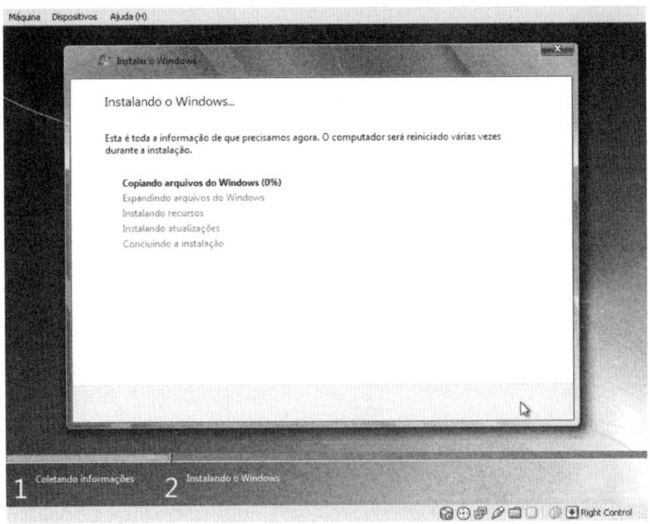

Figura 12.

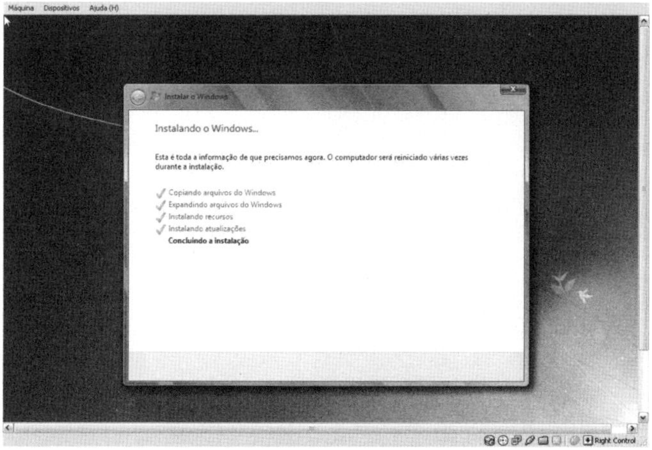

Figura 13.

Ao término das etapas citadas, o Windows informará sobre o reinício do computador para andamento da instalação (figuras 14 e 15).

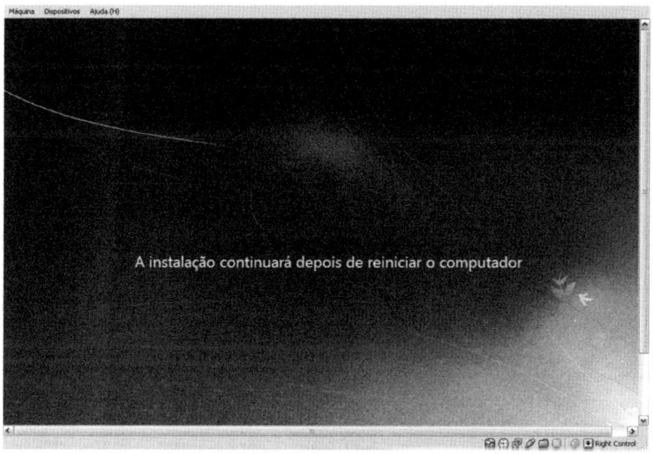

Figura 14.

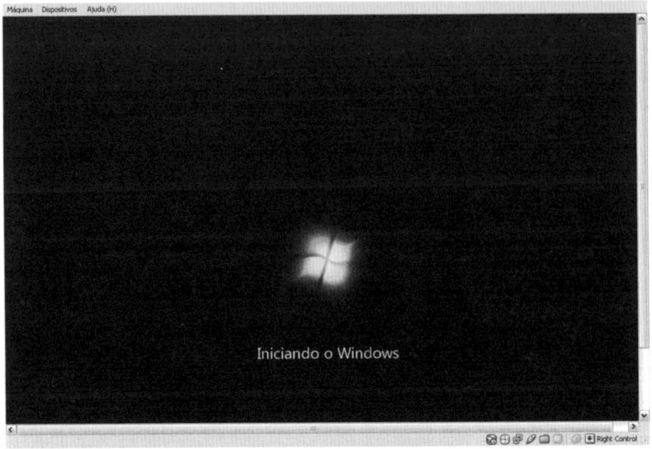

Figura 15.

O Windows já está instalado. Ele fará os ajustes para o primeiro uso (figura 16) e o teste de vídeo (figura 17).

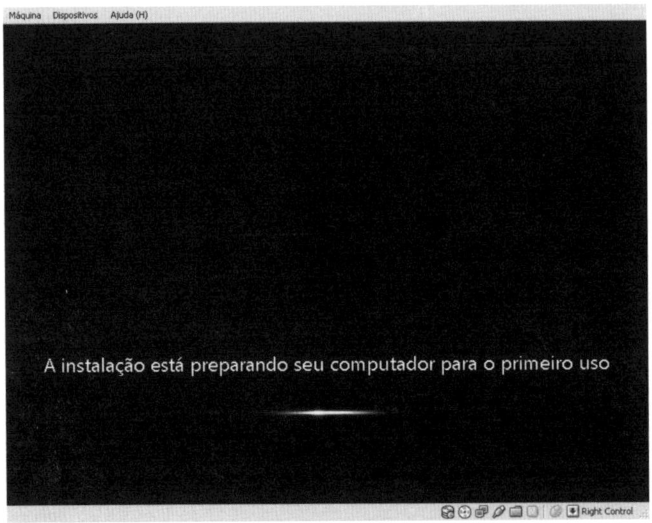

Figura 16.

Figura 17.

Na próxima tela, insira o nome do usuário e do computador (figura 18).

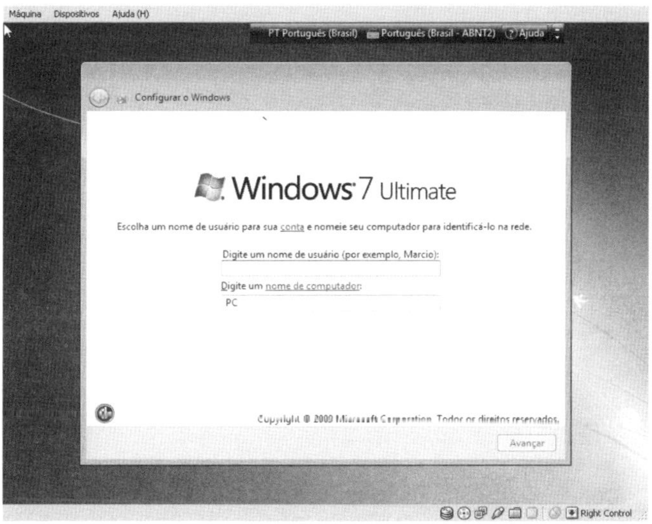

Figura 18.

Insira também uma senha e uma dica como lembrete (figura 19).

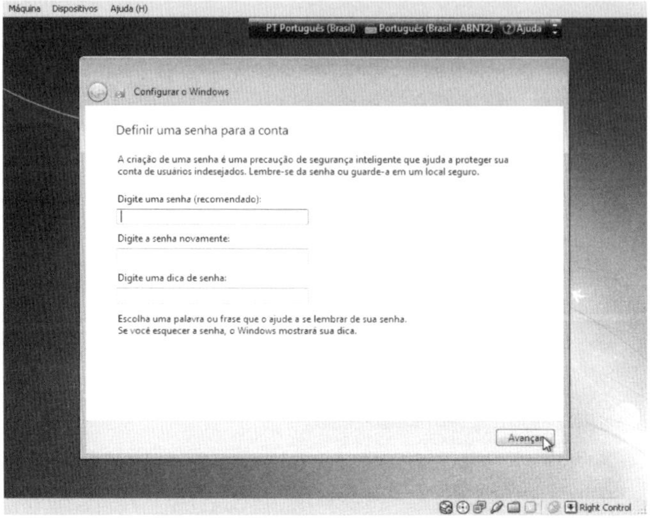

Figura 19.

Insira agora a chave do produto original (figura 20).

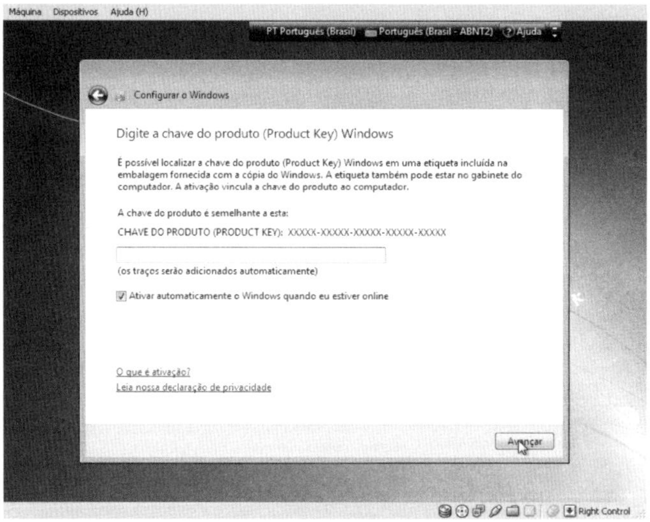

Figura 20.

Durante a instalação, é possível ativar algumas proteções e atualizações automáticas do Windows. Sugerimos que a opção *Usar configurações recomendadas* seja utilizada (figura 21).

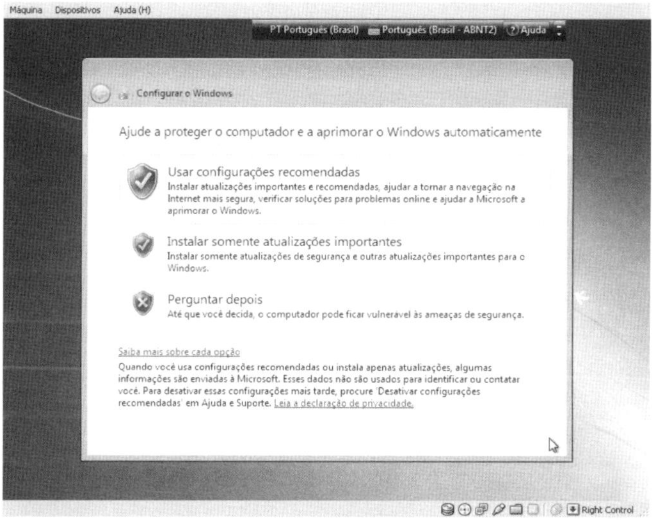

Figura 21.

Ajuste o horário e o fuso horário (figura 22).

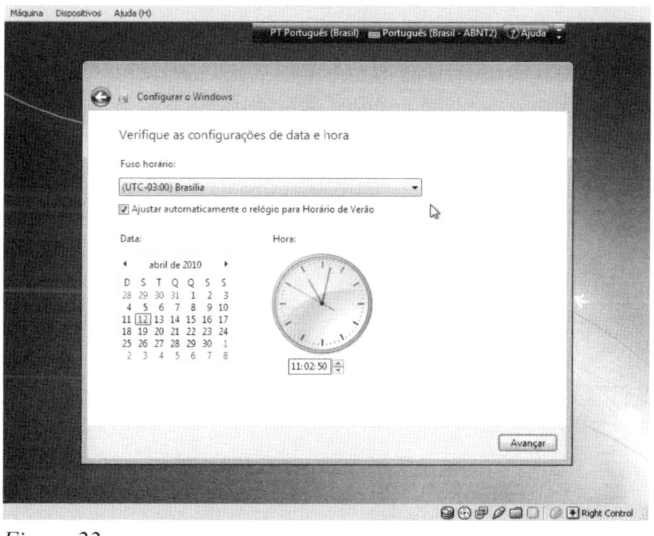

Figura 22.

Caso o computador esteja conectado a uma rede, ele solicitará a informação do local (*Rede doméstica*, *Rede de Trabalho* ou *Rede pública*). Selecione a opção de acordo com o local que o computador estiver conectado (figura 23).

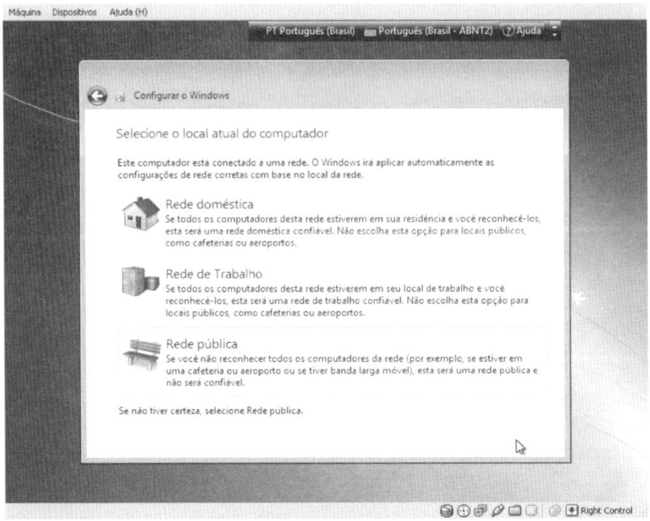

Figura 23.

As últimas telas de instalação aparecerão nesta ordem:

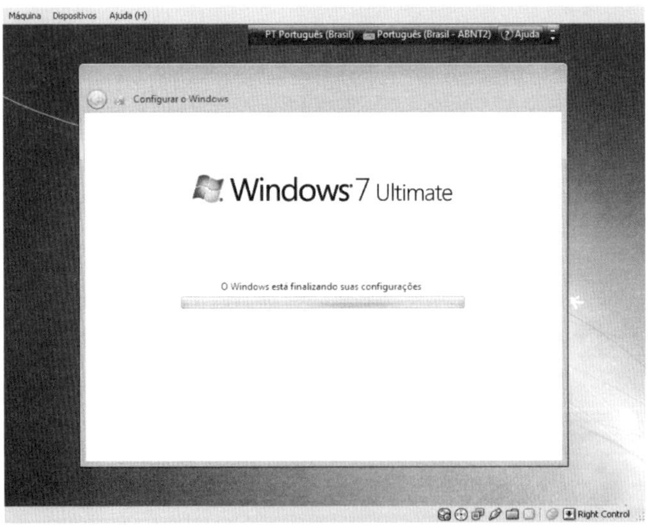

Figura 24.

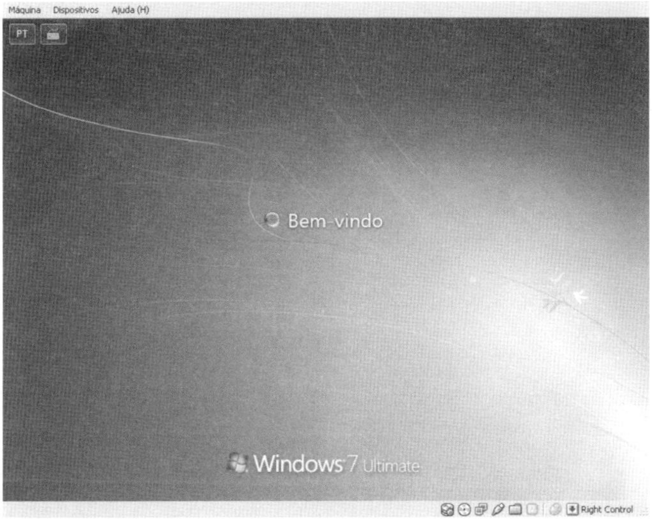

Figura 25.

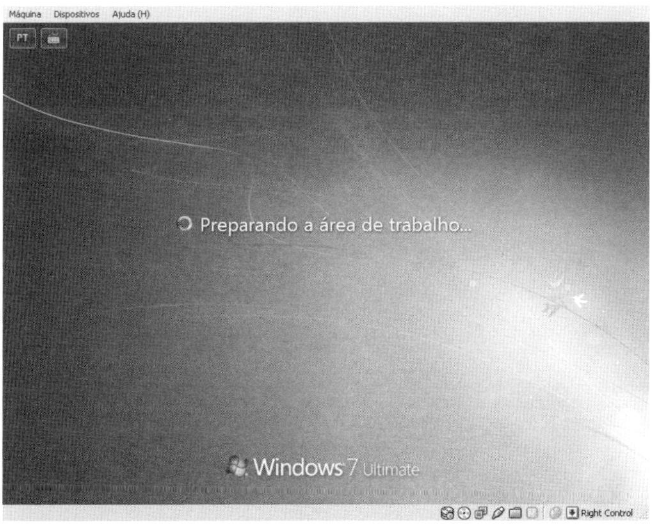

Figura 26.

Pronto! O Windows 7 está instalado e já pode ser utilizado.

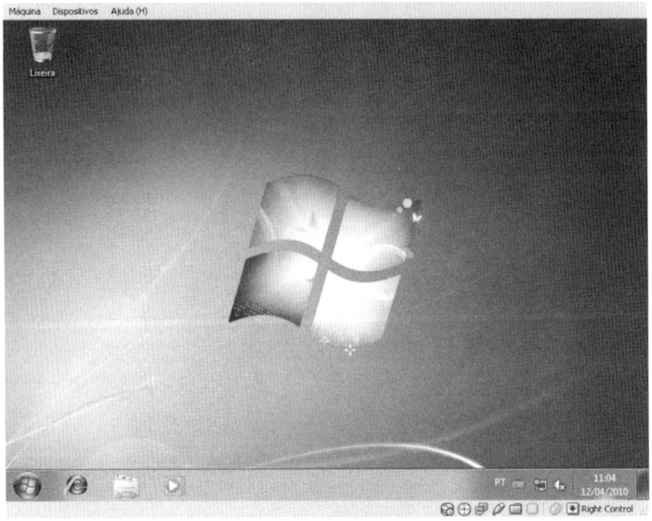

Figura 27.

O processo de instalação de sistemas operacionais está cada vez mais automatizado e intuitivo. Há poucas diferenças entre a instalação do Windows 7, Windows 8 e Windows 10. A dica é seguir as etapas de acordo com a necessidade do usuário.

13

Instalação de drivers

OBJETIVOS

- Resolver conflitos de drivers no Windows
- Instalar dispositivos reconhecidos pelo sistema operacional

Instalação de drivers

As maiores dificuldades acontecem quando o Windows não possui drivers (programas de configuração de placa) apropriados para a placa-mãe e para as placas de expansão. O micro pode travar, causando anomalias.

Utilizaremos o *Gerenciador de dispositivos*. Para acessá-lo, clique consecutivamente em: *Iniciar/Configurações/Painel de Controle/Propriedades do Sistema/Gerenciador de Dispositivos*. Verifique no gerenciador se existem dispositivos com pontos de interrogação ou exclamação.

Na figura 1, podemos verificar que vários dispositivos estão assinalados com pontos de interrogação. Isso significa que não estão instalados, ou seja, estão aguardando a configuração com o driver apropriado.

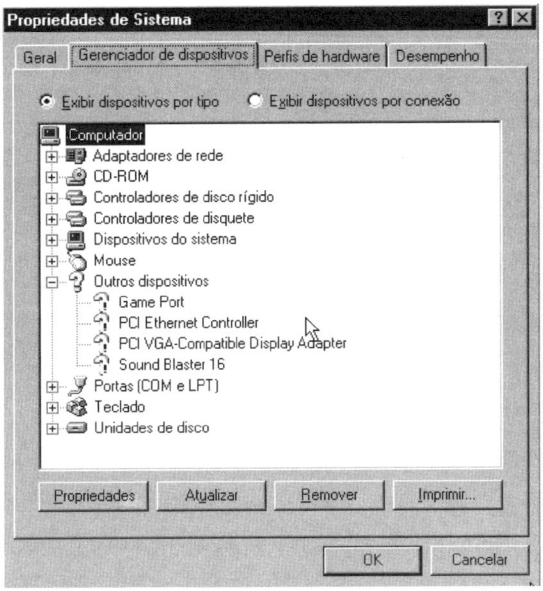

Figura 1.

Para que tudo funcione corretamente, é preciso tomar duas providências:

1) instalar os drivers da placa-mãe (no CD da placa);

2) instalar os drivers dos dispositivos marcados com *?* ou *!*.

Instalação dos drivers da placa-mãe

Utilize o CD da placa-mãe para instalar os drivers que permitem ao Windows controlar corretamente o chipset.

A seguir, estão alguns recursos instalados pelo CD da placa:

- controle do barramento AGP;
- controle das interfaces IDE em modo UltraDMA;
- controle dos recursos plug-and-play.

Dependendo da versão do Windows e do chipset da placa-mãe, os drivers são carregados automaticamente, sem necessidade do CD. Em outros casos, utilize o Autorun do CD.

A figura 2 mostra como exemplo uma tela inicial de configuração da placa-mãe Asus.

Figura 2.

Nesse mesmo CD estarão os arquivos para instalação de dispositivos onboard.

Em nosso exemplo, os drivers do chipset são os chamados Via 4 in 1 drivers.

> Se quisermos obter mais informações e não conseguirmos encontrar o site do fabricante da placa-mãe, podemos recorrer ao fabricante do chipset.

Instalação dos drivers das placas de expansão

Como exemplo, instalamos as seguintes placas de expansão:

- placa de vídeo Voodoo 3 3000 AGP;
- placa de rede D-Link 530TX;
- placa Sound Blaster Live;
- placa de modem Motorola SM56 PCI.

Note, na figura 3, que há dispositivos detectados, porém ainda não foram instalados, e por isso estão marcados pela interrogação:

- *Game Port* – relacionado à placa de som;
- *PCI Ethernet Controller* – relacionado à placa de rede;
- *PCI VGA-Compatible Display Adapter* – relacionado à placa de vídeo;
- *Sound Blaster 16* – também relacionado à placa de som;

Figura 3.

Instalação de drivers nos Windows 9x e ME

O método "padrão Windows" para instalar um driver consiste em clicar no item problemático (que está sem driver) no *Gerenciador de dispositivos*, selecionar a guia *Driver* e clicar no botão *Atualizar driver* (figura 4).

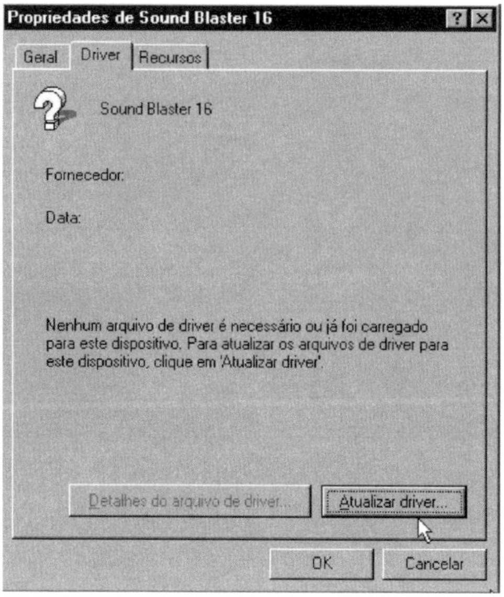

Figura 4.

O assistente de instalação será iniciado (figura 5). Selecione a opção recomendável (para o Windows procurar automaticamente o driver).

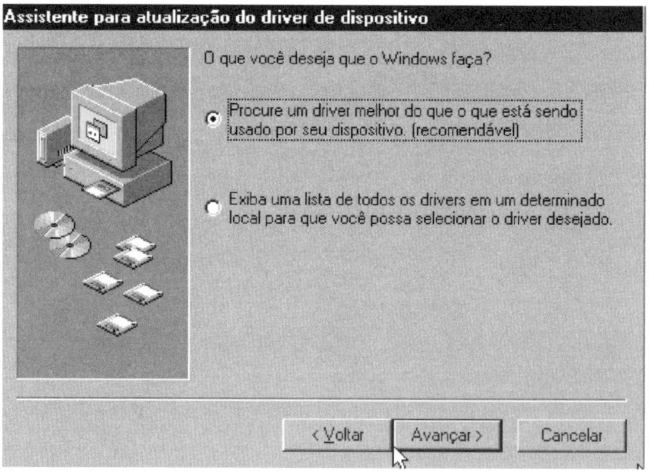

Figura 5.

Ao indicar a opção recomendável, aponte a busca para o local em que estão salvos os arquivos (CD da placa-mãe, por exemplo).

Esse é o método padrão para instalar todos os drivers. Muitos fabricantes, porém, optam por um processo mais simples para o usuário, que é usar um programa de instalação. Em alguns casos, basta executar o programa e ele fará a autodescompactação, sendo executado automaticamente. Em outros casos, é preciso antes descompactar o software em um diretório para só depois executar um programa Setup.EXE, que faz a instalação dos drivers.

Instalação de drivers nos Windows XP e 2000

No Windows XP ou 2000, existem três modos de iniciar o assistente para atualização/instalação: adicionando um dispositivo de hardware plug-and-play, utilizando o comando *Atualizar driver* no *Gerenciador de dispositivos* ou usando o comando *Adicionar novo hardware* no *Painel de Controle*.

O assistente oferece as opções de busca automática e busca avançada (figura 6). No caso da busca automática, basta deixar no micro o CD com os drivers, que automaticamente ele buscará e instalará os arquivos.

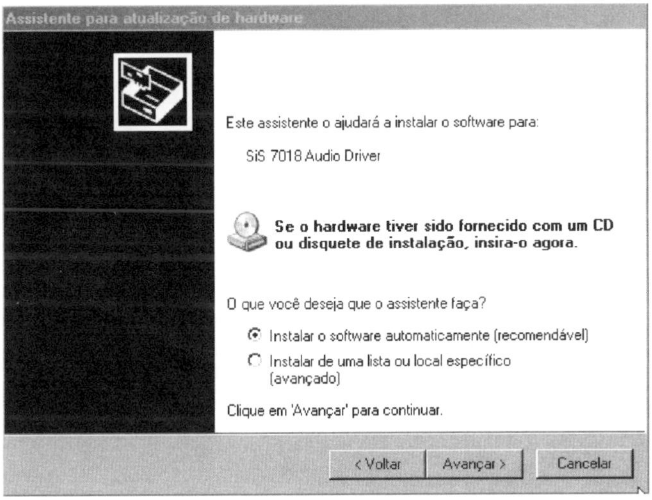

Figura 6.

Para busca avançada, digite o local em que se encontra o driver (figura 7).

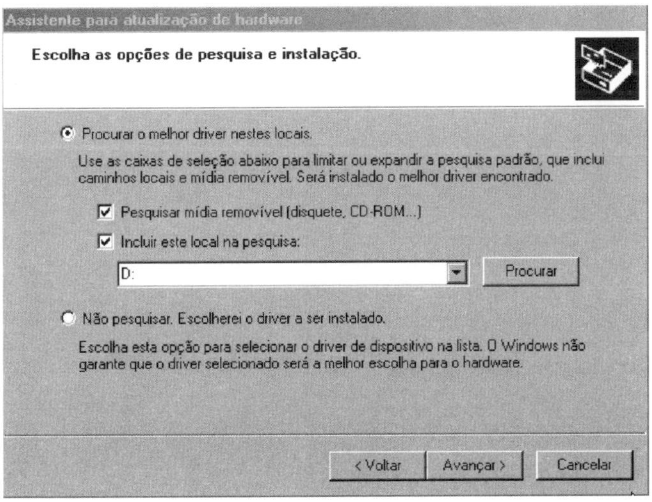

Figura 7.

Quando não temos o CD de instalação, devemos escolher a opção *Não pesquisar* (figura 7). Assim, será possível escolher o driver a ser instalado a partir de uma lista fornecida pelo assistente.

De acordo com a lista que aparecer (figura 8), escolha o driver correspondente e desmarque a opção *Mostrar hardware compatível.* Isso fará com que o driver seja instalado de modo forçado.

Mas, cuidado, esse método não é recomendado por não ter garantia de funcionamento adequado do hardware.

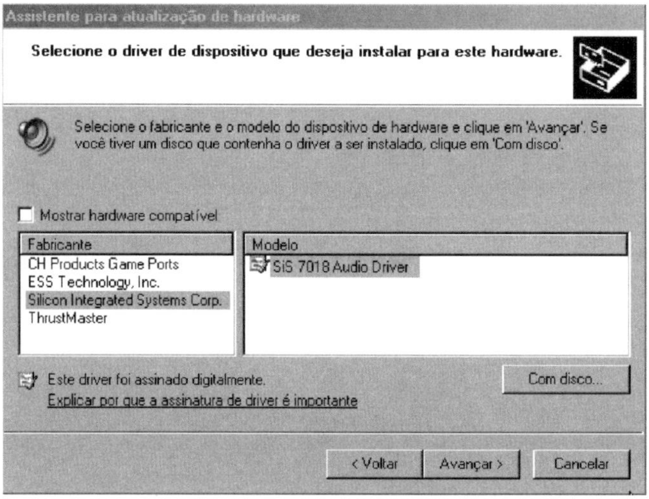

Figura 8.

Em vez de forçar a instalação, é possível ainda clicar em *Com disco* para indicar drivers existentes em um CD ou em outro diretório. Lembre-se de que a opção *Mostrar hardware compatível* deve ficar marcada (figura 9).

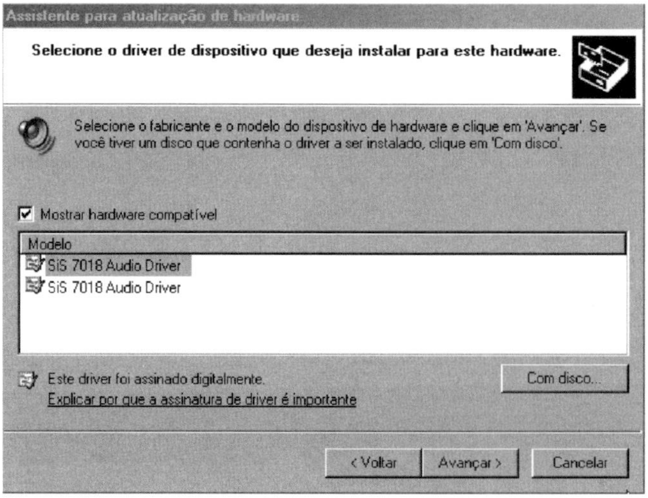

Figura 9.

DirectX

O Windows vem sempre acompanhado de uma versão relativamente recente do DirectX. O mesmo ocorre com a placa de vídeo. Apesar disso, nem sempre tais versões são as mais atualizadas. A melhor coisa a fazer é obter a versão mais nova do DirectX no site da Microsoft (https://support.microsoft.com/pt-br/kb/179113) ou por meio do Windows Update, diretamente pelo sistema operacional.

Para checar a versão do DirectX instalada em um PC, clique em: *Iniciar/Executar/DXDIAG. EXE*. Na guia *Sistema* do DXDIAG está indicada, além de outras informações, a versão do DirectX. A guia *Exibir* é usada para testar as funções de vídeo: *DirectDraw* (para gráficos 2D), *Direct3D* (para gráficos 3D) e *Textura AGP*. O funcionamento do DirectX e do programa DXDIAG é o mesmo em todas as versões do Windows.

Quando instalamos o Windows em um computador, devemos usar sempre o DXDIAG para realizar esse teste. Quando não é feita a instalação dos drivers da placa-mãe – especificamente o AGP Miniport Driver –, podem ocorrer anomalias nas imagens tridimensionais. Essas anomalias são detectadas por esse teste. A tela pode ficar toda escura, ou com as cores variando aleatoriamente, ou o PC pode travar. A instalação dos drivers do chipset resolve esse problema. Também é conveniente instalar os drivers mais recentes para a placa de vídeo.

Configuração do modem e da placa de rede

Também devemos instalar os drivers desses dois dispositivos. A instalação dos drivers segue o mesmo padrão já exemplificado para outros tipos de placa. Podemos usar os drivers padrão Windows ou então os drivers fornecidos pelo fabricante.

Drivers WDM

Até 1998, os fabricantes de hardware tinham muito trabalho com drivers. Precisavam fornecer drivers para o Windows 3x, ainda muito utilizado na época, além de drivers para Windows 95 e Windows NT. Dessa forma, seus produtos poderiam funcionar em praticamente qualquer PC.

Deixando de lado o velho Windows 3x, havia ainda o problema de produzir drivers diferentes para Windows 9x e para Windows NT. Os drivers de ambos eram completamente diferentes entre si. Praticamente todos os produtos tinham drivers para Windows 95, mas nem todos tinham drivers para Windows NT.

Esse problema foi quase totalmente resolvido a partir do lançamento do Windows 98, com a adoção dos drivers WDM (Windows Driver Model). São drivers universais, que operam tanto sob o Windows 9x como sob o Windows NT. Dessa forma, os fabricantes de hardware puderam finalmente produzir um único driver para ambos os sistemas.

Dispositivos sem drivers para Windows XP

Com a adoção do padrão WDM, um mesmo driver poderia ser usado tanto nos Windows 98/ME como nos Windows NT/2000/XP. Fabricantes que adotaram esse padrão tornaram possível o uso de seus produtos, mesmo antigos, no Windows XP.

Infelizmente, muitos fabricantes não adotaram o padrão WDM. Fizeram seus drivers exclusivos para Windows 9x/ME. Agora, eles simplesmente não funcionam no Windows XP. Para produtos antigos, fora de linha, os fabricantes em geral não produzem drivers novos, o que torna impossível o uso no Windows XP de dispositivos antigos que não tenham drivers WDM. A única alternativa seria instalar um driver existente na lista do Windows XP, de maneira forçada.

14

Otimização do Windows

OBJETIVO

- Personalizar os recursos do Windows

Otimização do Windows

Alguns procedimentos devem ser realizados após a instalação do Windows. Muitos técnicos realizam a formatação e instalação dos drivers para entregar o computador rapidamente ao cliente e acabam pulando a etapa de testes e ajustes, causando um retrabalho e a insatisfação por parte do cliente.

Em razão disso, explicaremos a seguir alguns procedimentos importantes a serem realizados após a instalação, além de outros que, embora não tão importantes, são úteis para o conhecimento, caso surja a necessidade.

Testes e ajustes na placa de som

Depois de instalar a placa de som e seus drivers, convém realizar três tipos de teste:

- reprodução WAV: abra o utilitário *Gravador de Som* para executar um arquivo WAV. Alguns deles ficam gravados na pasta *C:\windows\media;*
- reprodução MIDI: utilize o Windows Media Player para testar arquivos MIDI. Nele também é possível testar arquivos WAV;
- reprodução de CDs de áudio: use o utilitário do Windows ou o Windows Media Player.

Terminados os testes básicos com a placa de som, devemos instalar os utilitários que a acompanham.

Muitas placas de som são quadrifônicas, isto é, permitem ligar quatro alto-falantes (dois dianteiros e dois traseiros). Nesse caso, será preciso informar o Windows de que deverá utilizar os quatro alto-falantes.

Nos Windows 9x/ME, a configuração de alto-falantes é feita pelo *Painel de Controle*, comando *Sons e multimídia*. Selecionamos a guia *Áudio* e, no campo *Reprodução,* clicamos em *Avançada*. Será apresentado um quadro no qual selecionamos a guia *Alto-falantes*, e assim poderemos escolher a configuração adequada (figura 1).

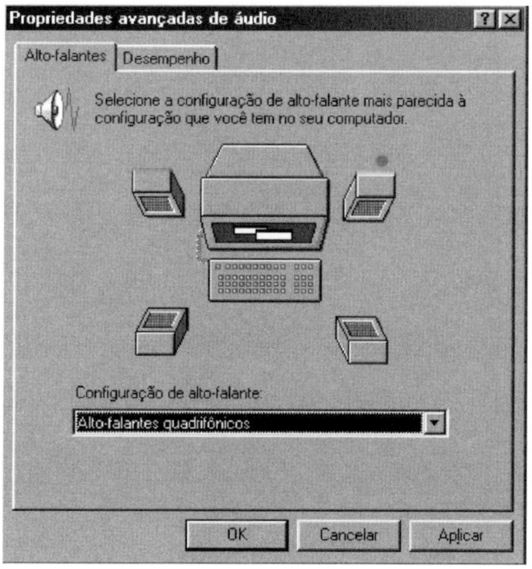

Figura 1.

Para fazer esse ajuste no Windows XP, usamos também o *Painel de Controle* e clicamos no comando *Sons e dispositivos de áudio*. Selecionamos então a guia *Volume*, na qual clicamos em *Avançadas* (figura 2).

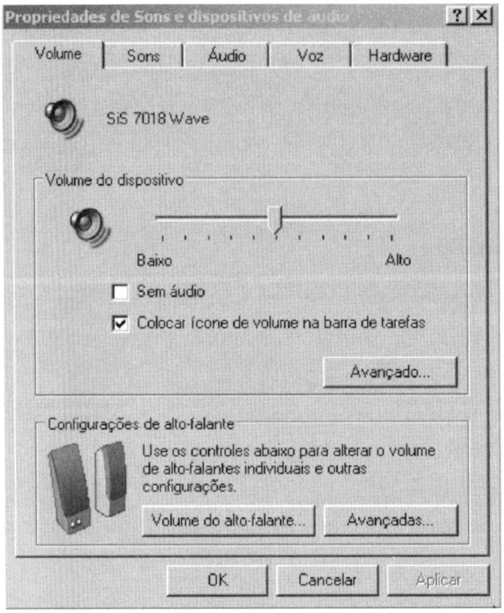

Figura 2.

No quadro de propriedades avançadas, selecionamos a guia *Alto-falantes* (figura 3). Podemos agora escolher uma entre as diversas configurações possíveis, que vão desde um micro sem som, passando por alto-falantes estéreo e quadrifônicos, até esquemas 5.1 ou 7.1.

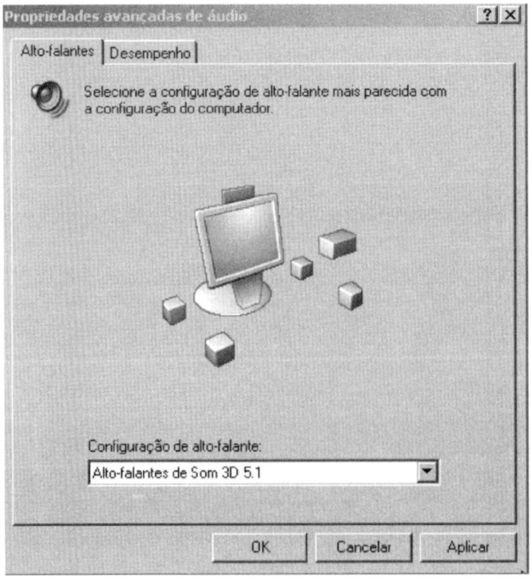

Figura 3.

Configuração do teclado

Acentuação no MS-DOS dos Windows 95 e 98

Quando fazemos a instalação do Windows 95 ou 98, são criados automaticamente arquivos *CONFIG.SYS* e *AUTOEXEC.BAT* com os seguintes comandos:

a) No *CONFIG.SYS*:

```
device=c:\windows\command\display.sys com=(ega,,1)
country=055,850,c:\windows\command\country.sys
```

b) No *AUTOEXEC.BAT*:

```
mode con codepage prepare=((850) c:\windows\command\ega.cpi)
mode com codepage select=850
keyb br,,c:\windows\command\keyboard.sys
```

Esses comandos funcionam com o teclado de layout *Estados Unidos – Internacional* (sem Ç). Já a configuração do teclado *ABNT* (Associação Brasileira de Normas Técnicas) consiste na alteração da linha do KEYB no *AUTOEXEC.BAT* para:

```
KEYB BR,,C:\WINDOWS\COMMAND\KEYBRD2.SYS /ID:275
```

O *KEYBOARD.SYS* não dá suporte ao funcionamento do teclado *ABNT*, por isso é preciso usar o driver alternativo *KEYBRD2.SYS*. Não se esqueça de usar o parâmetro /ID:275.

Quando esses comandos são usados corretamente no *CONFIG.SYS* e no *AUTOEXEC.BAT*, a acentuação do teclado funciona tanto no modo MS-DOS quanto no Prompt do MS-DOS sob o Windows.

Acentuação no MS-DOS do Windows ME

Para que o teclado funcione corretamente no ambiente Windows ME, utilize a configuração de idioma e layout no *Painel de Controle*, como já mostramos para os Windows 95 e 98. O problema é o funcionamento do teclado no MS-DOS. Podemos utilizar o método de configuração do teclado no DOS, já mostrado para os Windows 95 e 98.

Esse método funcionará quando realizarmos um boot por disquete, desde que os arquivos *CONFIG.SYS* e *AUTOEXEC.BAT* sejam configurados corretamente. A configuração pode ser feita tanto para o teclado comum (*Estados Unidos – Internacional*) quanto para o teclado *ABNT*, já que os arquivos *KEYBOARD.SYS* e *KEYBRD2.SYS* continuam no mesmo lugar.

O problema é o KEYB.COM, necessário ao funcionamento do teclado. Esse programa não é instalado com o Windows ME e não está no diretório *C:\Windows\Command*, como ocorre nas versões anteriores do Windows. O KEYB.COM pode ser encontrado no disquete de boot (inicialização) que acompanha o Windows ME. Basta copiá-lo para o diretório *C:\Windows\Command* e os comandos que já apresentamos funcionarão quando for realizado um boot por disquete.

Um pouco diferente é a configuração do teclado para o Prompt do MS-DOS sob o Windows. Existe um método recomendado pela Microsoft que consiste em criar um arquivo *C:\WINDOWS\TECLADO.BAT* com o seguinte conteúdo:

a) Para teclados com layout *Estados Unidos – Internacional*:

```
mode con codepage prepare=((850) C:\WINDOWS\COMMAND\ega.cpi)
mode con codepage select=850
c:\windows\command\keyb br,,C:\WINDOWS\COMMAND\keyboard.sys > NULL
```

b) Para teclados com layout *ABNT*:

```
mode con codepage prepare=((850) C:\WINDOWS\COMMAND\ega.cpi)
mode con codepage select=850
c:\windows\command\keyb br,,C:\WINDOWS\COMMAND\KEYBRD2.SYS /ID:275 > NULL
```

Altere as propriedades do Prompt do MS-DOS para que o arquivo *TECLADO.BAT* seja executado no início do Prompt. Para isso, clique no ícone do MS-DOS com o botão direito do mouse e no menu escolha a opção *Propriedades*. Selecione a guia *Programa* e, no campo *Arquivo de lote,* use *C:\WINDOWS\TECLADO.BAT* (figura 4). A partir daí o teclado funcionará corretamente no Prompt do MS-DOS sob o Windows.

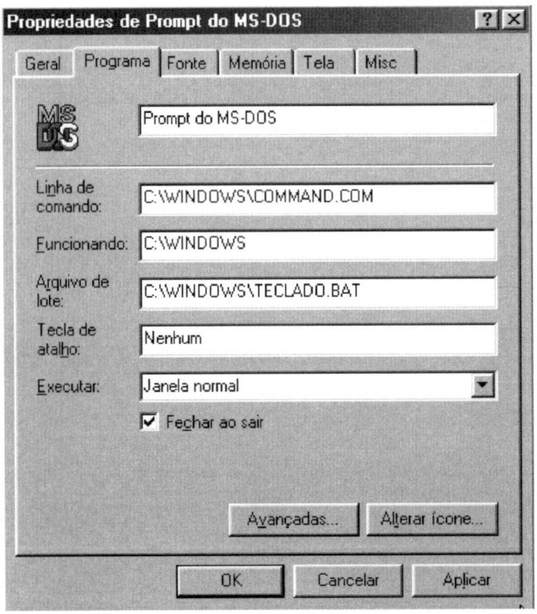

Figura 4.

Existe um outro método para fazer essa configuração que dispensa a criação do arquivo *TECLADO.BAT* e não requer o programa KEYB.COM. Consiste em usar o programa MSCONFIG (*Iniciar/Executar/MSCONFIG*) e selecionar a guia *Internacional.*

Selecione o idioma *Português-Brasileiro* e o quadro aparecerá com todos os seus campos corretamente preenchidos. Essas configurações são válidas para o teclado *Estados Unidos – Internacional.* Para o teclado *ABNT*, basta usar o arquivo *KEYBRD2.SYS*, em vez do *KEYBOARD.SYS*, e preencher com *275* o campo *Layout do teclado.*

Gerenciamento de energia

Para fazer uso das funções de gerenciamento de energia do Windows, é necessário que os drivers do chipset estejam instalados. Também é preciso que as placas de expansão utilizadas (som, vídeo, modem, etc.) tenham os drivers mais recentes. Drivers mais antigos podem não ser totalmente compatíveis com as funções de gerenciamento de energia, sobretudo a hibernação.

Modo de espera (standby)

No modo de espera (standby ou estado de espera), a maioria dos circuitos do computador são desligados. O conteúdo da memória RAM é mantido e o processador permanece paralisado, porém ligado. O monitor e o disco rígido são desligados. Ao pressionarmos uma tecla ou movermos o mouse, o sistema volta a ficar ativo, o que demora muito pouco, em torno de 5 segundos. Nesse modo, o PC precisa permanecer ligado à rede elétrica, já que é necessária uma pequena corrente elétrica para manter em standby a memória, o processador e outros componentes da placa-mãe.

Modo de hibernação

No modo de hibernação, o conteúdo da memória RAM é totalmente transferido para o disco rígido e o computador é desligado. Pode ser até mesmo desconectado da rede elétrica. Ao ligarmos novamente o computador, em vez de ser realizado um boot, o BIOS faz a leitura do arquivo de hibernação, transfere seu conteúdo para a memória RAM e retorna ao Windows. O processo completo é muito mais rápido que o boot.

Foi apenas com o lançamento do Windows Millennium e com a disponibilidade de placas-mãe 100% compatíveis que finalmente pudemos utilizar o modo de hibernação, no qual o computador é totalmente desligado, e o retorno ao Windows é feito em pouco mais de 10 segundos.

Configurações de energia no Windows XP

A hibernação no Windows XP é ativada exatamente da mesma forma observada no Windows ME. Podemos chegar ao quadro de propriedades de energia por intermédio do comando *Opções de energia* no *Painel de Controle.* Podemos também ir ao quadro de propriedades de vídeo e, na guia *Proteção de tela,* clicar no botão *Energia.* Será apresentado o quadro *Propriedades de Opções de energia* (figura 5).

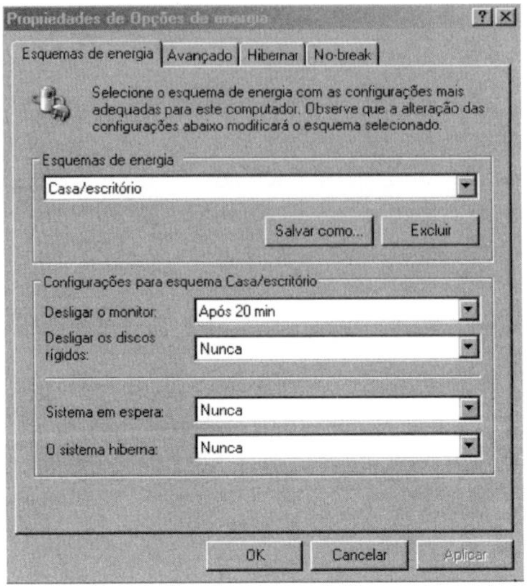

Figura 5.

Nesse quadro, podemos escolher um entre os diversos esquemas de energia predefinidos. Um esquema de energia define tempos para o desligamento do monitor e dos discos rígidos, e tempos para colocar o sistema em estado de espera e em hibernação quando é detectada inatividade. Cada esquema pode ter os tempos alterados pelo usuário.

Ao selecionarmos a guia *Hibernar*, devemos marcar a opção *Ativar hibernação* (figura 6). Note que, se a guia *Hibernar* não existir, significa que o sistema não é 100% compatível. É possível que a placa de CPU ou uma das placas de expansão não tenham compatibilidade. Em muitos casos é possível conseguir essa compatibilidade instalando drivers novos.

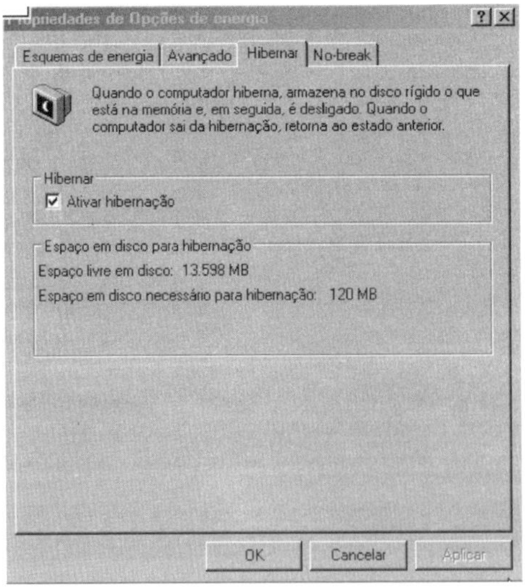

Figura 6.

Com a guia *Avançado*, podemos configurar como serão usados os botões de energia no gabinete (figura 7). Por exemplo, podemos escolher se o botão *Power* do gabinete ATX será usado para desligar o computador, para colocá-lo em estado de espera ou para hibernar.

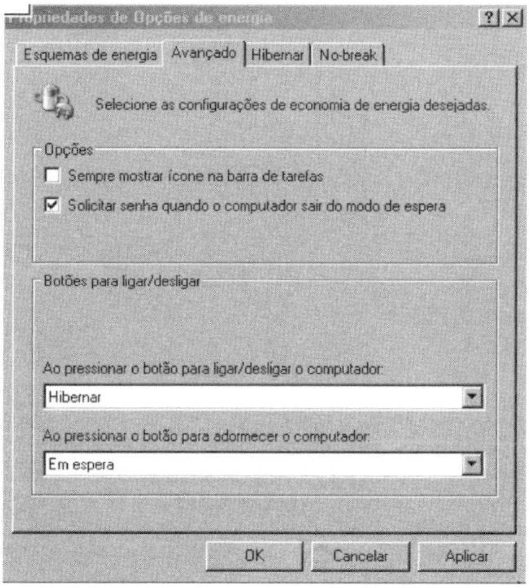

Figura 7.

Configurações de energia nos Windows 9x e ME

Para confirmar se o suporte à hibernação está ativo, podemos simplesmente checar se esse comando está presente em *Iniciar/Desligar*. Podemos ainda checar o quadro *Propriedades de Opções de energia*. Esse quadro pode ser obtido de duas formas:

- *Painel de Controle/Opções de energia*;
- *Propriedades de vídeo/Proteção de tela/Configurações dos recursos de economia de energia do monitor* (figura 8).

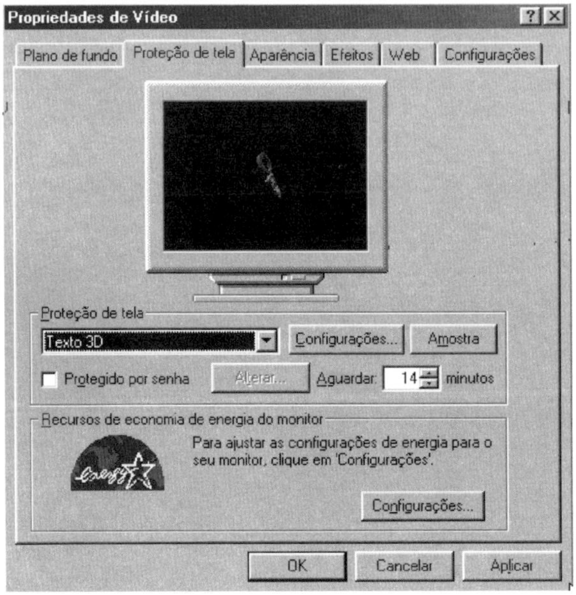

Figura 8.

Nesse quadro, teremos as seguintes guias: *Esquemas de energia*, *Avançado* e *Hibernar*. No Windows XP, temos ainda a guia *No-break*. A opção *Ativar hibernação* deverá estar marcada (figura 9).

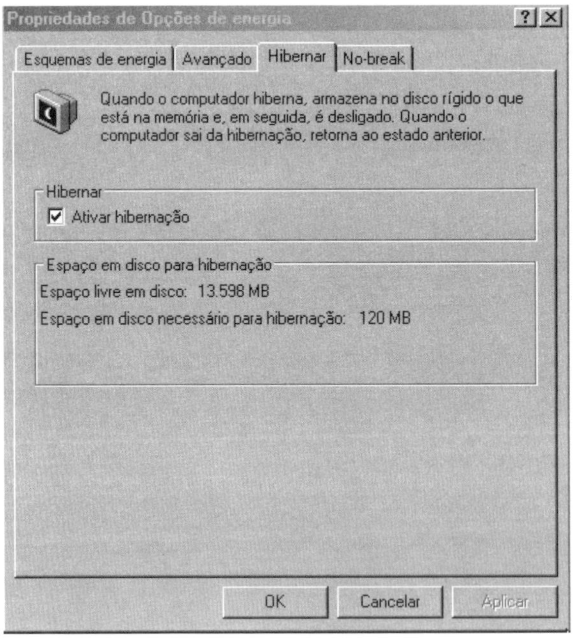

Figura 9.

O computador pode entrar em modo de espera e em hibernação de forma automática. Para isso, basta marcar os tempos necessários no quadro de opções de energia (figura 10). Marque o tempo de inatividade a partir do qual o computador entrará em estado de espera. Marque também o tempo de inatividade a partir do qual o sistema vai hibernar.

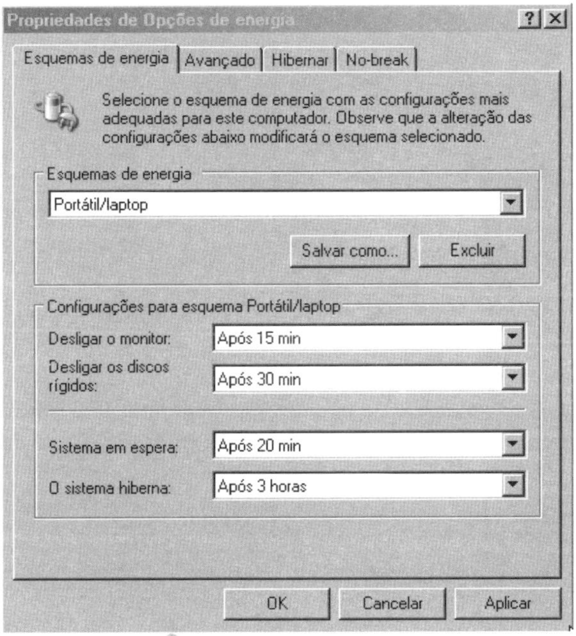

Figura 10.

Como melhorar o desempenho do disco

Certos ajustes na configuração do Windows, relacionados ao desempenho, precisam ser feitos manualmente, por intermédio do *Gerenciador de dispositivos* (figura 11). O mais importante deles é a habilitação da transferência de dados do disco rígido em modo UltraDMA. Se esse ajuste não for feito, o disco rígido ficará limitado ao PIO Mode 4, resultando em uma taxa de transferência externa de apenas 16,6 MB/s.

Discos rígidos modernos operam em modos SATA-150, SATA-300 e SATA-600, com taxas de transferência externas de 150 MB/s, 300 MB/s e 600 MB/s, respectivamente.

Habilitando o DMA, será usada a maior taxa de transferência externa possível, desde que compatível com o disco rígido e com o chipset.

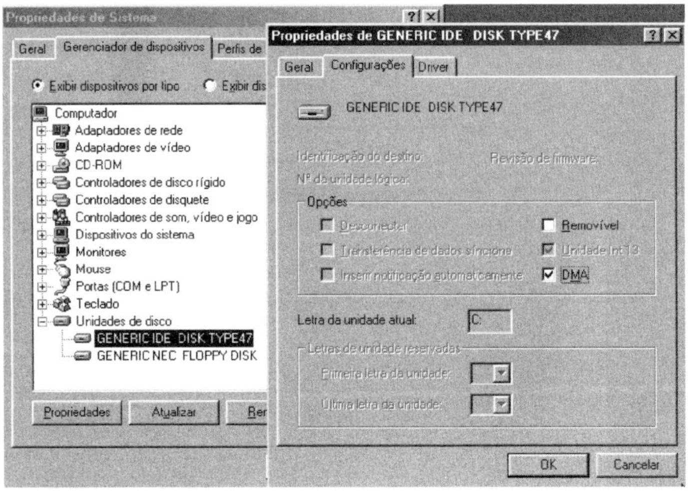

Figura 11.

No Windows XP, esse mesmo ajuste é feito também pelo *Gerenciador de dispositivos*, porém no quadro de propriedades das interfaces IDE, e não dos discos (figura 12). Nesse quadro, temos acesso às configurações de DMA para os dispositivos Master e Slave de cada interface.

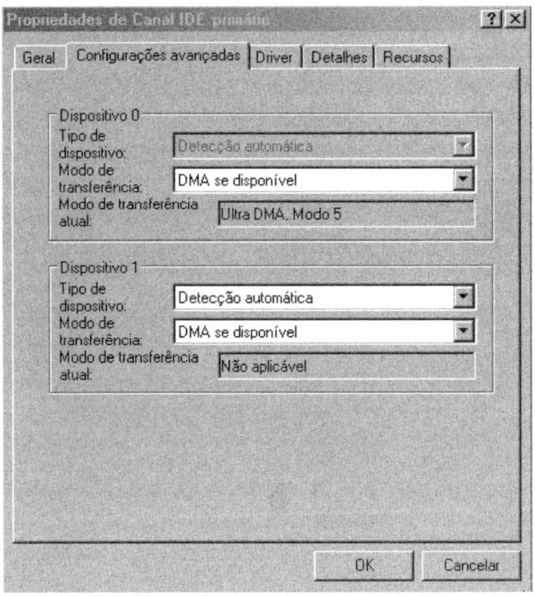

Figura 12.

Para que as transferências por DMA funcionem, é preciso também que estejam habilitadas no CMOS Setup. Se essa programação não estiver correta, os discos poderão ficar limitados ao PIO Mode 4.

Uma outra providência importante para obter melhor desempenho é ajustar o sistema de arquivos de forma que a memória disponível seja utilizada como cache de disco. Para fazer esse ajuste, use o comando *Sistema* no *Painel de Controle* e selecione a guia *Desempenho*. Clique em *Sistema de arquivos* para ser exibido o quadro correspondente.

Nesse quadro, selecione a guia *Disco rígido* (figura 13). O campo *Função deste computador* deve ser programado como *Servidor de rede*. Isso não significa que o PC será usado como servidor, mas sim que uma área maior de memória será usada para a memorização de localizações de arquivos e diretórios, tornando a cache de disco do Windows mais eficiente. Devemos também deixar no valor máximo (total) o controle de otimização de leitura antecipada.

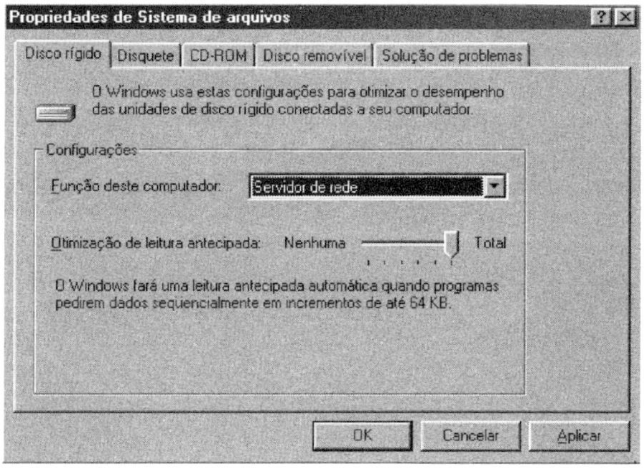

Figura 13.

Como dissemos, a configuração do sistema de arquivos como servidor aumenta a atividade da cache de disco do Windows, mas isso só pode ser feito quando o computador tem bastante memória. Um micro com 16 GB, por exemplo, experimentará maior ganho de desempenho no disco que outro, com apenas 4 GB. Portanto, uma expansão de memória é uma boa forma de aumentar o desempenho do sistema de arquivos do Windows.

Esses ajustes no Windows XP são um pouco diferentes. Clicamos no comando *Sistema* no *Painel de Controle*, e será apresentado um quadro no qual selecionamos a guia *Avançado* (figura 14).

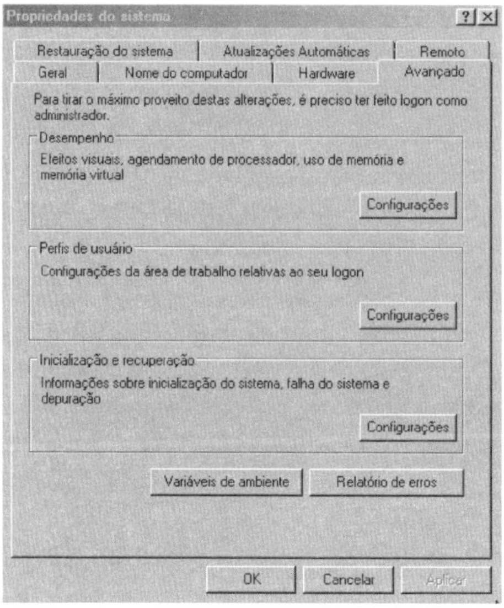

Figura 14.

No campo *Desempenho*, clicamos no botão *Configurações*. Será exibido o quadro de opções de desempenho, com as guias *Efeitos visuais*, *Avançado* e *Prevenção de execução de dados* (figura 15).

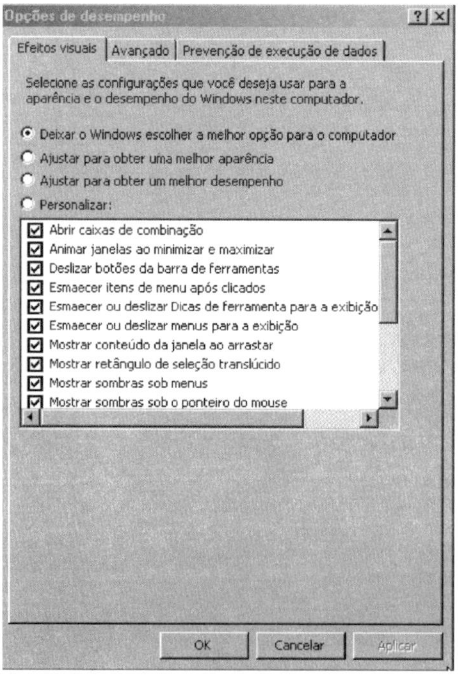

Figura 15.

Na guia *Efeitos visuais*, podemos escolher entre melhor aparência e melhor desempenho. Quando usamos a opção melhor desempenho, diversos efeitos visuais serão desativados para que as aparições na tela sejam mais rápidas. Podemos ainda deixar que o Windows escolha a melhor configuração, ou então personalizar o uso dos efeitos visuais.

A guia *Prevenção de execução de dados* é utilizada para evitar danos por ameaças de segurança, como vírus, monitorando os aplicativos para que usem a memória de forma segura. É possível proteger todos os aplicativos ou apenas alguns, individualmente.

Na guia *Avançado,* podemos ajustar o uso da memória para programas ou para a cache do sistema (figura 16). Usamos a segunda opção quando queremos aumentar o desempenho do disco.

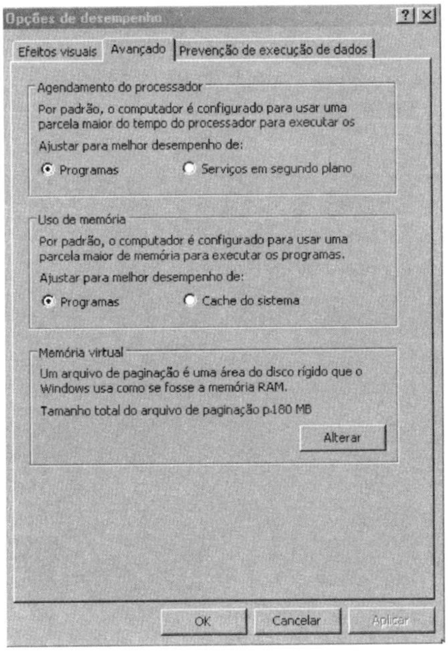

Figura 16.

No MS-DOS, o desempenho do disco também pode ser melhorado com o uso do programa SMARTDRV.EXE, encontrado em *C:\Windows*.

Além de todas essas providências de ordem física, devemos ainda tomar outras, de ordem lógica. O Windows tende a ficar lento com o passar do tempo, por diversos motivos. Isso torna, por exemplo, o seu boot bem mais demorado. Para melhorar a situação, faça o seguinte:

- desinstale programas desnecessários;
- use o utilitário *Limpeza de Disco* (menu de *Ferramentas do Sistema*);
- use o *Desfragmentador de Disco* pelo menos uma vez por mês.

Para chegar ao desfragmentador, usamos o seguinte caminho: *Painel de Controle/Ferramentas administrativas/Gerenciamento do computador/Desfragmentador de disco.*

Anotações

Glossário

A

Acelerador gráfico. Placa de vídeo de alto desempenho, cuja função é aumentar a velocidade de apresentação das telas no monitor.

ACPI (Advanced Configuration and Power Interface). No ACPI, o gerenciamento de energia é feito pelo sistema operacional e não pelo BIOS. O resultado disso é um gerenciamento muito mais avançado, que permite o uso de recursos como a diminuição da frequência de operação do processador (recurso incomum em desktops, mas presente na maioria dos notebooks), o desligamento de dispositivos, etc.

ACV. Em eletricidade, símbolo de corrente alternada.

ADSL (Asymmetric Digital Subscriber Line, ou Linha Digital Assimétrica para Assinantes). Tecnologia que viabiliza a transmissão de dados, inclusive vídeo, em alta velocidade, por linha telefônica comum.

AGP (Accelerated Graphics Port, ou Porta Gráfica Acelerada). Desenvolvida pela Intel para melhorar o desempenho e a qualidade de imagens 3D.

ALU/ULA (arithmetic logic unit, ou unidade lógica e aritmética). Circuito de alta velocidade da CPU que efetua cálculos de dados numéricos e comparações entre dados alfanuméricos.

AMR (Audio/Modem Riser). Padrão de barramento que permite o encaixe de placas de som e modems controlados por software. O slot AMR assemelha-se ao slot AGP, mas tem apenas um terço de seu tamanho. O objetivo dessa redução de tamanho é permitir a criação de componentes extremamente baratos, a ser usados em micros de baixo custo.

AT (Advanced Technology). Denominação originalmente dada ao microcomputador 286 lançado pela IBM em 1984.

ATA (Advanced Technology Attachment). Especificação para interfaces e discos rígidos de padrão IDE. O primeiro padrão foi o ATA-1, que incluía as interfaces PIO Mode 0, 1 ou 2, usadas em micros 386 e 486. O ATA-2 já incluía as interfaces PIO Mode 3 e PIO Mode 4, além de suportar o multiword DMA, que, embora ainda não fosse tão eficiente quanto o UltraDMA suportado pelos HDs atuais, já agilizava a transferência de dados. As interfaces ATA-2 também são chamadas EIDE ou Fast ATA. O ATA-3 foi uma revisão do ATA-2 que corrigiu alguns problemas e melhorou um pouco o desempenho do multiword DMA. Esse padrão engloba as interfaces IDE Pio Mode 4 mais recentes, usadas nas últimas placas para 486 e nas primeiras placas para Pentium. O ATA-4 equivale ao UltraDMA 33 (ou UDMA 33), o ATA-5 equivale ao UDMA 66, enquanto o ATA-6 equivale ao UDMA 100. Esses três padrões também são chamados, respectivamente, UltraATA 2, UltraATA 4 e UltraATA 5.

ATAPI (Advanced Technology Attachment Packet Interface). Padrão que permite instalar CD-ROMs, zip drives, drives de fita e outros periféricos em interfaces IDE, que originalmente foram projetadas para acomodar apenas discos rígidos. Um ATAPI CD-ROM nada mais é do que um drive de CD-ROM IDE.

ATX. Padrão de design para as placas e gabinetes atuais. Prevê medidas específicas e padronizadas para as placas-mãe, gabinetes e modificações na fonte de alimentação. Hoje, praticamente todos os gabinetes e fontes à venda no mercado são ATX.

B

Bit (binary digit, ou dígito binário). A menor unidade de informação usada pelo computador. Pode assumir os valores 0 (negativo) ou 1 (positivo).

Boot (*inicialização*). Abreviação de *bootstrap*, boot significa, literalmente, botinada. Rotina automática que limpa a memória do microcomputador e carrega o sistema operacional, preparando a máquina para o uso. Em outras palavras, trata-se dos comandos necessários para carregar o sistema operacional do computador, fazendo-o funcionar. Tais comandos normalmente ficam gravados no winchester (disco rígido) e são acionados de forma automática ao ligar o micro.

C

CAD (computer aided design, ou desenho auxiliado por computador). Sistema para elaboração de desenhos vetoriais vinculados a dados de projetos. O software mais famoso nessa área é o Autocad da Autodesk.

CD-ROM (compact disc – read-only memory, ou disco compacto – memória somente de leitura). Disco plástico que tem uma de suas faces revestida por uma camada de metal que permite o armazenamento e a leitura de uma gama enorme de dados, utilizando-se da tecnologia óptica. Seu conteúdo é gravado apenas uma vez e não pode ser alterado. Também é usual a denominação de CD-ROM para referir-se ao drive (ou unidade) de leitura de CD, ou leitor de CD.

CD-RW (compact disc rewritable, ou disco compacto regravável). Suporte óptico para armazenamento de dados digitais (texto, imagens, áudio e vídeo), cujo conteúdo pode ser alterado ou regravado inúmeras vezes. É comum também chamar de CD-RW o drive (ou unidade) de leitura e gravação de CD, ou gravador de CD.

Checksum. Técnica de verificação de alguns protocolos de comunicação, cujo objetivo é checar erros nas informações transmitidas por cabos. Seu funcionamento básico consiste no seguinte: o protocolo soma o número de bits antes de enviá-los e transmite essa informação junto com os dados; quando os dados chegam a seu destino, é feita uma checagem para verificar se esses dados são iguais, ou seja, se nenhuma informação foi perdida.

CMOS (complementary metal-oxide semiconductor, ou semicondutor de metal óxido complementar). Chip que guarda as informações essenciais do computador, como data, hora, informações sobre o disco rígido, etc. Quando a máquina está desligada, o CMOS é alimentado por uma bateria.

CNR (Communications and Network Riser). Barramento criado pela Intel, com o objetivo de acomodar placas de som, modems e placas de rede. Pode ser encontrado em algumas das placas-mãe mais modernas. Aparece como um pequeno slot marrom na placa-mãe, em geral no canto oposto ao do slot AGP.

Combo. Termo utilizado para um dispositivo com várias funções. Por exemplo: gravador de CD Combo, ou seja, gravador de CD e leitor de DVD e CD.

Core (CPU). É o coração, o centro ou o núcleo do processador. Trata-se da pequena pastilha (wafer) de silício que contém todos os transistores. Essa pastilha, que mede pouco menos de um centímetro quadrado na maioria dos processadores, é encapsulada em uma estrutura de cerâmica, metal, plástico, ou mesmo fibra de vidro, formando os processadores que encontramos à venda. O termo também é usado como sinônimo de arquitetura do processador.

CPU/UCP (central processing unit, ou unidade central de processamento). O mesmo que processador.

D

DDR (double data rate). Trata-se de uma mémoria que tem a capacidade de transmitir dados duas vezes por ciclo – uma transferência no início do ciclo de clock e outra no final do pulso.

Die. Núcleo do processador, a pastilha (wafer) de silício que depois é encapsulada, formando o processador que encontramos à venda. O formato do encapsulamento pode variar de acordo com o projeto do fabricante. Há desde os formatos maiores, como os Pentium II slot 1, até os muito pequenos, como os Pentium 4 soquete 478.

DIMM (dual in-line memory modules, ou módulo de memória em linha dupla). Tipo de memória RAM do computador, versão mais avançada e mais recente que o padrão SIMM.

DIP (dual in-line package) ou DIP switch. Pequenas chaves de duas posições, encontradas em algumas placas-mãe, modems, etc. Sua função é a mesma dos jumpers, ou seja, permitir a configuração de recursos relacionados à placa, como a frequência de operação e multiplicador (no caso de uma placa-mãe).

DMA (direct memory access, ou acesso direto à memória). O canal DMA permite a ligação direta entre um periférico e a memória, sem passar pelo processador.

DSP (digital signal processing, ou processamento de sinal digital). Ver *MMX*.

E

ECC (error-correcting code, ou código de correção de erros). O ECC foi criado para substituir o método de paridade (detecção e correção de erros na memória). Seu método de diagnóstico é bem mais eficiente, por ser capaz de identificar erros nos dados e corrigi-los por meio de algoritmos especiais. Na memória com ECC, encontra-se 1, 2 ou até 3 bits para cada byte de memória. Quanto maior a quantidade de bits destinados ao ECC, mais complexos serão os códigos armazenados e maior será a possibilidade de um eventual erro ser corrigido.

ECP (Extended Capabilities Port, ou Porta com Capacidade Estendida). Porta paralela bidirecional, com taxas de transferência dez vezes maiores que as taxas das SPPs. A ECP utiliza o canal DMA para realizar as transferências.

EDO (Extended Data Out, ou Saída Estendida de Dados). Tipo de chip de memória que proporciona um aumento de desempenho de 10% a 30%, em comparação à memória RAM tradicional. Tecnicamente, a inovação do EDO está na redução dos tempos de ciclo de memória e no prolongamento do tempo durante o qual os dados permanecem no bus do processador, reduzindo, com isso, o número de estados de espera no acesso à memória principal.

EEPROM (electrically erasable programmable ROM, ou ROM programável e apagável eletricamente). Chip de memória não volátil, programado em uma etapa posterior à sua fabricação. Uma EEPROM somente pode ter a sua programação apagada e ser reprogramada eletricamente.

EIDE (Enhanced IDE, ou IDE Melhorada). Conexão para periféricos com velocidades de 12 Mbps, também é conhecida como Fast IDE, ou IDE Rápida. Aceita discos de até 8,4 MB, aproximando-se dos padrões SCSI. Enhanced IDE é a denominação dada pela fabricante Western Digital a várias melhorias acrescentadas à especificação ATA-2, conhecida hoje como IDE.

EPP (Enhanced Parallel Port, ou Porta Paralela Avançada). Porta paralela bidirecional, cujas taxas de transferência são dez vezes superiores às taxas das SPPs. É normalmente usada quando se instala um escâner.

EPROM (erasable programmable read-only memory, ou ROM programável apagável). Tipo de memória que pode ser alterada pelo usuário, como é o caso dos cartuchos de videogame. Trata-se de um chip de memória não volátil, programado numa etapa posterior à sua fabricação. Uma EPROM somente pode ser apagada por meio de exposição a uma fonte de luz ultravioleta; por conta disso, é comum encontrarmos uma "janela" para a entrada de luz neste tipo de chip.

ESCD (Extended System Configuration Data, ou Dados de Configuração do Sistema Estendido). Pequena área de memória, localizada no chip do BIOS, cuja função é armazenar as configurações do plug-and-play. No ESCD, estão os endereços e recursos utilizados por cada periférico. Os dados armazenados no ESCD são alterados sempre que há qualquer mudança no hardware do micro, alteração que pode ser feita tanto pelo BIOS quanto pelo sistema operacional. No Setup de algumas placas existe a opção *Force Update ESCD*, que limpa o ESCD, forçando uma nova detecção. Essa opção costuma resolver alguns conflitos de hardware.

F

FAN (cooler). Sistema de ventilação do processador. Também é possível encontrar "entradas" FANs nas placas-mãe atuais, que servem para alimentação de outros sistemas de ventilação (gabinete, HD, chipset, etc.).

FCPGA (Flip Chip Pin Grid Array). Encapsulamento de processadores utilizado nos Pentium III e Celeron antigos. O processador, ou CPU, é construído sobre uma pastilha de silício extremamente frágil. Assim, para protegê-lo e permitir seu manuseio sem grandes riscos, deve-se montá-lo sobre uma estrutura mais resistente. Nos processadores FCPGA, existe uma base de cerâmica e em seu centro está a parte inferior da pastilha de silício, em contato direto com o cooler.

Firewire. Padrão também conhecido como IEEE, que é a sigla de seu desenvolvedor, o Institute of Electrical and Electronics Engineers. Conexão de periféricos idêntica ao USB. Trabalha entre 100 Mbps e 200 Mbps.

Firmware. Qualquer software armazenado sob a forma de memória de leitura (ROM, EPROM, EEPROM). Isso significa que um firmware preserva seu conteúdo mesmo quando a eletricidade é desligada, não volátil.

Flash ROM. Tipo de memória de leitura (BIOS), possível de ser atualizada.

FPM (Fast Page Mode RAM). Tecnologia de memória RAM anterior às memórias EDO, mas posterior às memórias regulares. Em geral, equipavam micros 386 ou 486.

FPU (Float Point Unit, ou Unidade de Ponto Flutuante). Unidade existente dentro do processador, responsável pela execução de cálculos científicos (chamados cálculos de ponto flutuante). Até o 386, essa unidade era externa ao processador. Na época, para o microcomputador poder efetuar cálculos científicos (de ponto flutuante), era necessário instalar, em local específico da placa-mãe, um processador adicional ao computador: o coprocessador aritmético (ou matemático).

H

HSP (Host Signal Processing). Os dispositivos que utilizam tecnologia HSP são modems, placas de som e placas de rede. Por serem controlados pelo processador, os dispositivos HSP são mais baratos, já que não possuem nenhum circuito complexo. São também conhecidos como soft modems ou win modems.

Hub (concentrador). Dispositivo que conecta dois ou mais equipamentos de rede. O hub une grupos de computadores e se constitui em um dos principais componentes em uma rede com cabos de par trançado.

Hyper-Threading. Também chamado tecnologia Jackson, o Hyper-Threading está presente nos processadores Pentium 4. Essa tecnologia permite que a CPU processe, em um mesmo ciclo de clock, instruções referentes a vários threads e não apenas várias instruções em um mesmo thread. Isso representa uma grande diferença de desempenho, porque, apesar de o Pentium 4 ser capaz de processar até oito instruções por ciclo de clock (seis instruções de inteiros e dois de ponto flutuante), na maioria das situações, o processamento das próximas instruções depende da conclusão de instruções anteriores, o que faz o processador passar a maior parte do tempo trabalhando bem longe da sua capacidade máxima, simplesmente por falta do que fazer.

HyperTransport. Tecnologia de barramento, desenvolvida pela AMD entre 1998 e 2001, e utilizada em alguns produtos, como o X-Box, o chipset nForce da Nvidia, e em vários sistemas de comunicação. Assim como outros designs atuais, o HyperTransport baseia-se na ideia de uma alta frequência de operação combinada com poucas trilhas de dados. O padrão inicial utiliza dois pares de fios e trabalha a 800 MHz. Com isso, o barramento de dados é de 1,6 Gb/s (ou 200 MB/s) em cada direção, o que não chega a impressionar, diante dos 133 MB/s do PCI de 32 bits.

I

IDE (Integrated Drive Electronics Interface, ou Interface Eletrônica de Dispositivos Integrados). Método de conexão de discos rígidos ao computador. Sua denominação deriva do fato de o circuito de controle estar localizado na própria unidade.

IEEE. Ver *Firewire.*

I/O (input/output, ou entrada/saída). Endereço de entrada e saída.

IRQ (interrupt request, ou pedido de interrupção). Canal exclusivo entre um periférico e o processador. Quase todas as placas requerem o uso exclusivo de um deles, chegando, por vezes, a pedir três IRQs. E, dado que a CPU dispõe apenas de dezesseis IRQs, metade deles reservada para dispositivos na própria placa-mãe, encontrar um IRQ livre nem sempre é fácil.

ISA (Industry Standard Architecture, ou Arquitetura Padrão Industrial). Designação não oficial para o padrão de bus (barramento) do projeto dos computadores PC/XT da IBM.

J

Jumper. Pequeno conector de plástico e metal que completa um circuito. Normalmente é utilizado pelo usuário para selecionar uma dentre diversas opções de configuração. Os jumpers costumam ser usados para a configuração de hardware.

Jumperless. Processo de configuração de hardware por meio do Setup.

K

kVA (quilovolt-ampère). Medida de potência elétrica, chamada potência aparente. Suponhamos que a energia se destina a alimentar apenas receptores resistivos, ou seja, aparelhos que possuem resistência elétrica (aquecedores, torradeiras, etc.). Esse tipo de receptor consome toda a energia que recebe. Portanto, não armazena energia. A potência que se consome dessa forma chama-se potência ativa. Como esses receptores consomem toda a energia que recebem, a potência aparente que lhes é fornecida (em kVA) é igual à potência ativa que consomem (em watt).

L

LBA (logical block addressing, ou endereçamento de bloco lógico). Método de se quebrar o limite de 528 MB dos discos rígidos e utilizar capacidades superiores a essa por meio de endereçamento lógico.

LTP1. Ver *SPP.*

M

MBR (Master Boot Record). Primeiro setor do disco rígido. Contém dados vitais, como os que descrevem a partição ou partições do disco (*C:*, *D:*, etc.). Se a MBR for alterada, talvez não seja possível iniciar o sistema por meio do disco rígido. Deve-se utilizar, nesse caso, a inicialização por meio de outro dispositivo a fim de reparar o erro.

MMX (MultiMedia eXtensions). Conjunto de 57 instruções multimídia incluídas nos processadores atuais. Microprocessadores com tecnologia MMX podem trabalhar com várias operações multimídia, tais como o DSP, que normalmente seriam tarefas para uma placa de vídeo ou de som. Somente softwares especialmente escritos para ativar instruções MMX (como os programas atuais de tratamento de imagens) podem dispor das vantagens dessa tecnologia.

O

OEM (original equipment manufacturer, ou fabricante do componente original). Empresa que fabrica componentes e os vende a outras empresas, que os usam para montar seus produtos ou os revendem para o consumidor final. Por extensão, OEM também se refere aos produtos vendidos por meio desse sistema. Dessa forma, um processador OEM é um processador destinado a grandes companhias, e geralmente vem com um manual resumido, sem embalagem individual e com garantia mais curta. Em compensação, é mais barato. Também se pode dizer que são OEM os softwares vendidos em grande quantidade a integradores, e que podem ser comercializados apenas junto com um PC novo.

Overclock. Procedimento pelo qual o processador passa a trabalhar com velocidade superior àquela com que foi testado e aprovado pelo fabricante. Consiste em configurar os jumpers da placa-mãe, a fim de alterar o barramento do sistema ou o multiplicador de clock do processador. Recomenda-se conhecer as vantagens e desvantagens do overclock antes de se tentar fazê-lo.

P

PCI (Peripheral Component Interconnect, ou Interconexão de Componentes Periféricos). Padrão de barramento local criado pela Intel, e que permite a adição de até dez dispositivos de barramento local e suporta operação simultânea da CPU e do barramento-mestre. Suporta também o processador Pentium de 64 bits.

PCI 2 ou PCI Express. É o sucessor do barramento PCI, e constitui, ao mesmo tempo, alternativa mais rápida que os velhos slots de 32 bits e mais barata que os slots de 64 bits. Até pouco tempo, esse padrão era conhecido como 3GIO (3rd Generation I/O); a denominação PCI Express foi adotada quando o desenvolvimento das especificações foi concluído.

PDV (automação). PDV é a sigla de "ponto de venda". Portanto, automação PDV é sinônimo de automação comercial. PDV também se refere a qualquer que integra um sistema de automação comercial, por exemplo, a gaveta de dinheiro, a impressora fiscal e o leitor de código de barras.

PROM (programmable read-only memory). Memória programável só de leitura.

R

RAM (random access memory, ou memória de acesso randômico). Também chamada memória de acesso aleatório, armazena temporariamente dados e instruções de que o processador necessita para a execução de tarefas. É responsável pelos cálculos, busca de dados e execução de programas e aplicativos. Seu conteúdo é apagado sempre que o computador é desligado. Quanto maior for a memória RAM, maior será a velocidade de processamento do computador.

Rambus ou RIMM (Rambus in-line memory module). As memórias Direct Rambus, ou simplesmente Rambus, permitem um barramento de dados de apenas 16 bits de largura, em oposição aos 64 bits utilizados pelos módulos de memória SDRAM. Em compensação, a Rambus suporta velocidades de barramento de até 400 MHz com duas transferências por ciclo (como o AGP 2x), o que na prática equivale a uma frequência de 800 MHz.

RJ-11. Conector de quatro pinos utilizado em cabos telefônicos.

RJ-45. Conector de oito pinos usado em cabos de rede de par trançado.

ROM (read-only memory, ou memória somente de leitura). Memória cujos dados vêm gravados da fábrica e não podem ser alterados.

ROM-BIOS. Chip usado pelos fabricantes para gravar no computador programas ou informações de forma permanente.

S

SATA ou Serial ATA (Serial Advanced Technology Attachment). Barramento serial que utiliza cabos de 4 vias, com conectores minúsculos. A primeira geração de interfaces SATA é capaz de transmitir dados a 150 MB/s. Esse padrão tem sofrido grande impulso, graças à atuação da Intel, que vem mobilizando os fabricantes no sentido de abandonar o uso de interfaces ultrapassadas, que incluem não apenas as antigas interfaces IDE, mas também os drives de disquete, portas seriais e paralelas, etc.

SCSI (Small Computer System Interface). Interface de alta velocidade, usada para conectar até sete periféricos de uma só vez em uma única porta. Antes exclusividade de MACs e estações gráficas, hoje é amplamente utilizada também em PCs. A SCSI pode conectar discos rígidos, fitas de backup, escâneres, unidades de CD-ROM, etc.

SDRAM ou SyncDRAM (synchronous dynamic random access memory). Tipo de tecnologia dos módulos de memória RAM. Os módulos são do padrão DIMM (168 vias e 64 bits).

SIMM (single in-line memory module, ou módulo de memória em linha simples). Tipo de módulo de memória mais comum nos PCs. Trata-se de uma pequena placa de circuito impresso contendo vários chips de memória, e que se conecta à placa-mãe por 72 vias.

Slot. Encaixe existente na placa-mãe do computador, e que serve para a colocação de placas como as de fax-modem, de vídeo, de som, etc. Muitas placas-mãe possuem várias funções onboard, ou seja, na mesma placa e sem o uso de conectores.

Soquete ou socket. Encaixe do processador na placa-mãe. De acordo com a marca e o modelo do processador, o soquete poderá ser diferente.

SPP (Standard Parallel Port, ou Porta Paralela Padrão). Nos PCs, é muito usada para ligar a impressora. Também chamada LTP1.

SSE (Streaming SIMD Extensions). Conjunto de 70 novas instruções, incorporadas aos processadores Pentium III e Celeron Coppermine, da Intel. As instruções SSE são capazes de melhorar o desempenho do processador, não só em jogos e aplicativos gráficos, mas também em softwares de descompressão de vídeo, reconhecimento de fala e aplicativos multimídia em geral.

SSE2. Trata-se das Double Precision Streaming SIMD Extensions do Pentium 4, ou seja, as 144 novas instruções de ponto flutuante de dupla precisão. Têm basicamente a mesma função das instruções SSE do Pentium III e do 3D-Now! do Athlon, que é melhorar o desempenho do processador em aplicativos de ponto flutuante. A diferença é que as instruções do Pentium 4 são mais poderosas que os conjuntos anteriores e podem ser utilizadas em mais situações.

SSE3. Assim como no SS2, essa nova versão ganhou 13 novas instruções, contribuindo diretamente para a otimização de aplicativos. Desenvolvido para processadores a partir do Pentium 4 da Intel, também foi posteriormente incluído pela AMD em seus processadores, a partir do Athlon 64.

SSE4. Com 47 instruções adicionais em relação ao anterior, o foco dessa versão foi otimizar o trabalho de todos os núcleos dos processadores, além da inclusão de novas instruções de algumas operações comuns.

U

UDMA. Ver *UltraDMA.*

UltraATA. Ver *ATA.*

UltraDMA. Protocolo desenvolvido pela Quantum Corporation e pela Intel, capaz de suportar uma taxa de transferência de dados de 33,3 MB/s. Um computador deve suportar esse padrão para ter as vantagens dos discos UltraATA (modernos e mais rápidos).

USB (Universal Serial Bus, ou Barramento Serial Universal). O USB leva as facilidades do plug-and-play para periféricos que estão fora do micro, como aparelhos de som. Permite que até 127 aparelhos funcionem simultaneamente. Enquanto nas portas seriais a velocidade máxima é 115 Kbps, o barramento nas portas USB atinge 12 Mbps, velocidade que favorece, sobretudo, a utilização de DVDs.

W

WAV. Formato de arquivo sonoro desenvolvido em conjunto pela Microsoft e pela IBM para a plataforma Windows. Ao contrário dos arquivos de extensão MIDI, é capaz de registrar voz. Sua desvantagem, porém, é ocupar muito espaço na memória. Um minuto de áudio nesse formato exige mais de 1 MB.

Sobre os autores

Ivan Max Lacerda é doutorando em engenharia da computação e mestre em engenharia mecânica com ênfase em mecânica computacional. Foi professor de informática por mais de dez anos no Senac Rio Grande do Norte e, atualmente, leciona na Escola Agrícola de Jundiaí, da Universidade Federal do Rio Grande do Norte (EAJ/UFRN), na qual é coordenador do curso técnico em informática. Também é coordenador geral da rede e-Tec Brasil.

Maurício Schorsch é head de educação na TOTVS S.A. e trabalhou na área de educação da SAP, tanto do Brasil quanto da América Latina. Foi docente de hardware e coordenador dos cursos de TI do Senac São Paulo e atualmente tem apoiado a gerência de desenvolvimento do Senac São Paulo na atualização dos cursos de hardware, impressoras e implantação de redes locais. É pós-graduado em gestão educacional pela UNICID, graduado em administração de empresas e com formação específica em recursos humanos pela UNINOVE. Como empresário, atuou em vendas e na prestação de serviços na área de informática. Foi diretor da Associação Comercial e Industrial de Ferraz de Vasconcelos (SP). Seu conhecimento de informática e, particularmente, de hardware o tem levado a conceder entrevistas a vários órgãos da mídia impressa e televisiva sobre inovações tecnológicas do setor.

Índice geral

Anotações

Anotações

Anotações

Anotações

Anotações